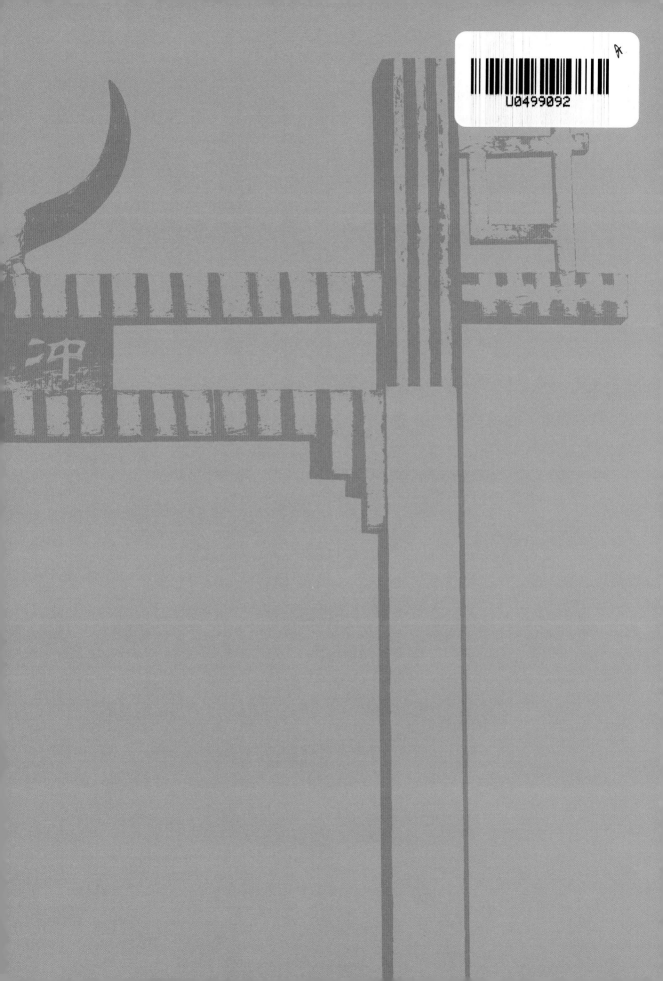

沖

国家出版基金项目

NATIONAL PUBLICATION FOUNDATION

"十四五"国家重点图书出版规划项目

中国语言文化典藏系列　组委会

主　任

田学军

执行主任

田立新

成　员

宋　全　杨　芳　刘　利　郭广生　顾　青

张浩明　周晓梅　刘　宏　王　锋　余桂林

中国语言资源保护工程

中国语言文化典藏系列　编委会

主　编

曹志耘　王莉宁　李锦芳

委员（音序）

郭　浩　何　瑛　黄成龙　黄拾全　李云兵

刘晓海　苗东霞　沈丹萍　王　锋　严修鸿

杨慧君　周国炎　朱俊玄

曹志耘 王莉宁 李锦芳 主编

中国语言文化典藏·隆林仡佬语

袁善来 何正安 著

商务印书馆
SINCE 1897
The Commercial Press

随着现代化、城镇化的快速发展，我国的语言方言正在迅速发生变化，而与地域文化相关的语言方言现象可能是其中变化最剧烈的一部分。也许我们还会用方言说"你、我、他"，但已无法说出婚丧嫁娶各个环节的方言名称了。也许我们还会用方言数数，但已说不全"一脚穷，两脚富……"这几句俗语了。至于那些世代相传的山歌、引人入胜的民间故事，更是早已从人们的生活中销声匿迹。而它们无疑是语言方言的重要成分，更是地域文化的精华。遗憾的是，长期以来，我们习惯于拿着字表、词表去调查方言，习惯于编同音字汇、编方言词典，而那些丰富生动的方言文化现象往往被忽略了。

2017年，中共中央办公厅、国务院办公厅《关于实施中华优秀传统文化传承发展工程的意见》首次提出"保护传承方言文化"。2020年，国务院办公厅《关于全面加强新时代语言文字工作的意见》明确提出"科学保护方言和少数民族语言文字"。语言方言及其文化的保护传承写进党和政府的重要文件，具有重要的历史意义。党中央、国务院的号召无疑是今后一个时期内，我国语言文字工作领域和语言学界、方言学界的重要使命，需要我们严肃对待，认真落实。

中国语言资源保护工程于2015年启动，已于2019年顺利完成第一期建设任务。针对我国传统语言方言文化现象快速消失的严峻形势，语保工程专门设了102个语言文化调查点（包括25个少数民族语言文化点和77个汉语方言文化点），按照统一规范对语言方言文化现象开展实地调查和音像摄录工作。

为了顺利开展这项工作，我们专门编写出版了《中国方言文化典藏调查手册》（商务印书馆，2015年）。手册制定了调查、语料整理、图册编写、音像加工、资料提交各个阶段的工作规范；并编写了专用调查表，具体分为9个大类：房屋建筑、日常用具、服饰、饮食、农工百艺、日常活动、婚育丧葬、节日、说唱表演，共800多个调查条目。

调查方法采用文字和音标记录、录音、摄像、照相等多种手段。除了传统的记音方法以外，还采用先进的录音设备和录音软件，对所有调查条目的说法进行录音。采用高清摄像机，与录音同步进行摄像；此外，对部分语言方言文化现象本身（例如婚礼、丧礼、春节、元宵节、民歌、曲艺、戏剧等）进行摄像。采用高像素专业相机，对所有调查条目的实物或活动进行拍照。

这项开创性的调查工作获得了大量前所未有的第一手材料。为了更好地保存利用这批珍贵材料，推出语保工程标志性成果，在教育部语言文字信息管理司的领导下，在商务印书馆的鼎力支持下，在各位作者、编委、主编、编辑和设计人员的共同努力下，我们组织编写了《中国语言文化典藏》系列丛书。经过多年的努力，现已完成 50 卷典藏书稿，其中少数民族语言文化典藏 13 卷，汉语方言文化典藏 37 卷。丛书以调查点为单位，以调查条目为纲，收录语言方言文化图片及其名称、读音、解说，以图带文，一图一文，图文并茂，EP 同步。每卷收图 600 幅左右。

我们所说的"方言文化"是指用特殊方言形式表达的具有地方特色的文化现象，包括地方名物、民俗活动、口彩禁忌、俗语谚语、民间文艺等。"方言文化"是一个新的研究领域，需使用的调查、整理、加工方法对于我们当中很多人来说都是陌生的，要编写的图册亦无先例可循。这项工作的挑战性可想而知。

在此，我要向每一个课题的负责人和所有成员道一声感谢。为了完成调查工作，大家不畏赤日之炎、寒风之凛，肩负各种器材，奔走于城乡郊野、大街小巷，记录即将消逝的乡音，捡拾散落的文化碎片。有时为了寻找一个旧凉亭，翻山越岭几十里路；有时为了拍摄丧葬场面，与送葬亲友一同跪拜；有人因山路湿滑而摔断肋骨，住院数月；有人因贵重设备被盗而失声痛哭……。在面临各种困难的情况下，大家能够为了一个共同的使命，放下个人手头的事情，不辞辛劳，不计报酬，去做一项公益性的事业，不能不让人为之感动。

然而，眼前的道路依然崎岖而漫长。传统语言方言文化现象正在大面积地快速消逝，我们在和时间赛跑，而结果必然是时间获胜。但这不是放弃的理由。著名人类学家弗雷泽说过："一切理论都是暂时的，唯有事实的总汇才具有永久的价值。"谨与大家共勉。

曹志耘

2022 年 4 月 13 日

目录

引言

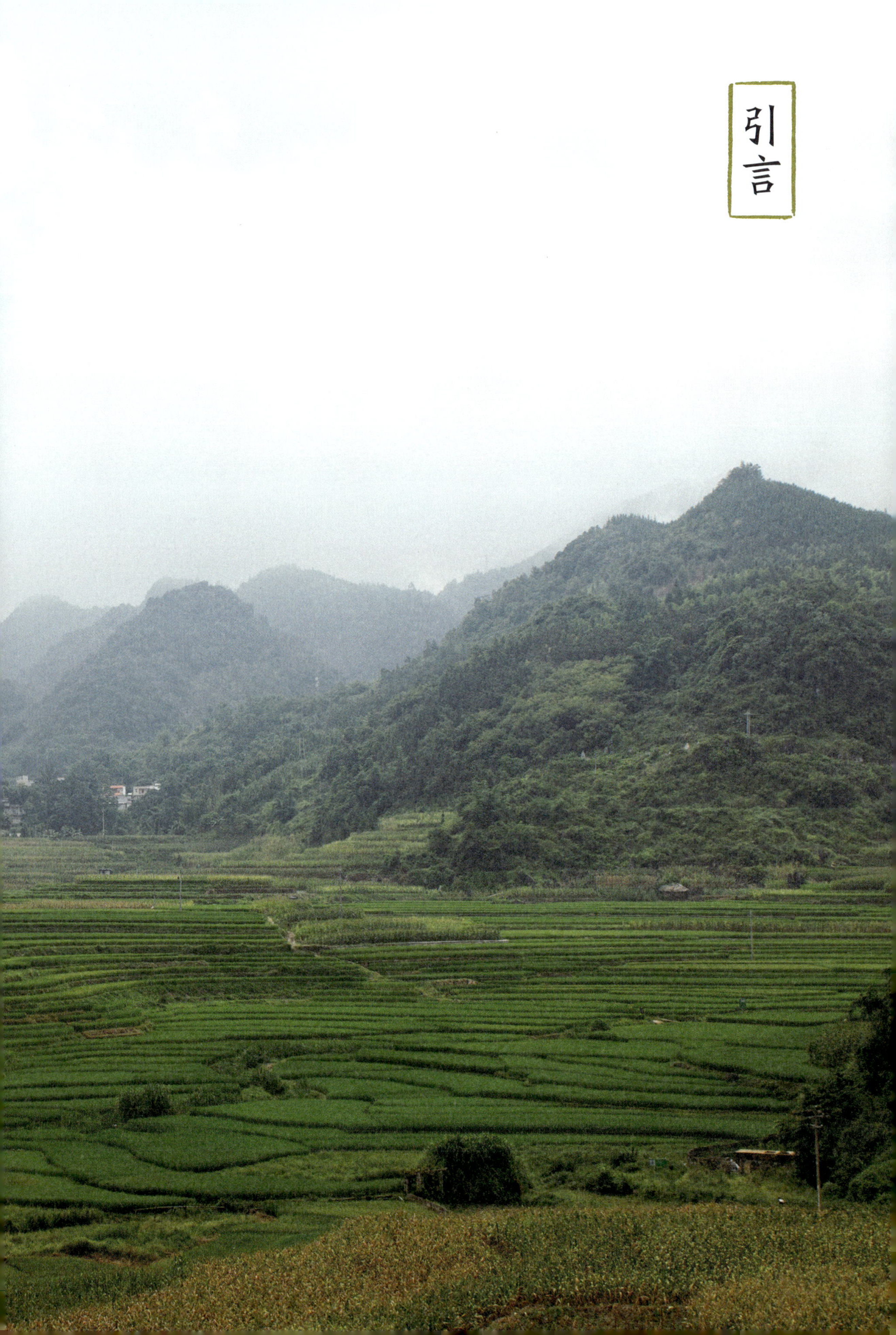

一　隆林

　　隆林各族自治县位于广西壮族自治区西北部桂、滇、黔三省（区）交界处的云贵高原东南边缘，介于北纬 24°22′—24°59′和东经 104°47′—105°41′之间。东与田林县为邻，南和西南与西林县接壤，北以南盘江为界与贵州省兴义市、安龙县和册亨县隔江相望。县人民政府驻新州镇，下辖 5 个镇 11 个乡。地势南部高于北部，自西向东倾斜；山岭连绵，层峦叠嶂，山高谷深，地形复杂。属亚热带季风气候区，夏无酷热，冬无严寒。主要居住着壮族、苗族、汉族、彝族、仡佬族 5 个少数民族，壮族是县内人口最多的世居民族。2018 年，全县总人口 43.55 万人，少数民族人口 34.95 万人，占 80.25%；全县土地总面积 35.51 万公顷，其中，石山区面积占 30.70%，土山区面积占 69.30%；耕地面积为 5.08 万公顷。（以上信息来自《隆林年鉴（2019）》第 49—51 页）

　　夏、商两代至周朝的春秋时期，隆林属百越与百濮交界的地方。战国时，属夜郎国。秦时，属黔中郡。汉元鼎元年（前 116 年）置牂牁郡后，属牂牁郡句町县（县治所在今云南广南境内）。三国时，属蜀国兴古郡句町县。晋时，属益州兴古郡句町县。南北朝时，属宁州兴古郡句町县。隋时，属南宁总管府（治所在今云南曲靖）昆州（州治今云南昆明）。唐时，属岭南西道福禄州、横山郡武龙县。宋宝祐元年（1253 年）置安隆峒，隶属泗城州。这是隆林第一次行政建制。元致和元年（1328 年）建立安隆州辖安隆峒，隶属云南省。安隆州废为寨后归泗城州辖，属广西省。明建文四年（1402 年）置安隆长官司（司治在今田林县旧州镇），先属泗城州辖，后直隶广西布政使司。清康熙五年（1666 年）安隆长官司改土归流置西隆州，隶思恩府。雍正五年（1727 年）改属泗城府。七年（1729 年）十二月二十一日州治迁到里仁塘（今新州镇），雍正十二年（1734 年）西隆升为直隶州，辖领西林县。1912 年西隆州改为西隆县，隶属田南道。1927 年直隶广西省。1950 年 3 月 1 日，属百色专区。1951 年 8 月，西林县的岩界、那劳、龙潭、西平、古障、马蚌、八达 7 个区并入西隆县，西隆县改为隆林县。1953 年实行民族区域自治，建立隆林各族联合自治区（县级）。1955 年 9 月，改称隆林各族自治县。（以上资料来自《隆林各族自治县志》第 27—28 页）

隆林是全国仅有的两个各族自治县之一，曾被联合国教科文组织专家誉为"活的少数民族博物馆"。民族风情多姿多彩。有苗族的跳坡节、壮族的"三月三"排歌节、彝族的火把节、仡佬族的尝新节等少数民族节日。少数民族服饰、蜡染、刺绣等手工艺品及黑粽子、羊瘪汤、辣椒骨、五色糯米饭、枕头粑等民族风味小吃享誉区内外。"隆林北路壮剧""隆林苗族服饰制作技艺""彝族祭送布谷鸟"3个项目进入自治区非物质文化遗产名录。（以上信息来自《百色年鉴（2015）》第301页）

对外交通主要依靠公路，境内有汕昆高速公路、324国道和省道S322线。

0-1◆弄麻自然村

二 隆林仡佬语

（一）概述

2018 年，隆林各族自治县仡佬族总人口 2855 人，占全县总人口的 0.66%（《隆林年鉴（2019）》第 51 页）。其中包括 1000 多俫人，主要分布在克长乡的海长村、新合村、新华村和德峨镇的常么村、龙英村等自然村（李旭练 1999；蒙元耀 2008）。1990 年，经过民族识别，俫人被定为仡佬族。但俫语明显不同于隆林各族自治县的"多罗"和"哈给"两支仡佬语方言，其语言系属过去有人认为属于壮侗语族语言，应该划为一个独立的语支；也有人认为是仡佬语的一种方言。但随着对俫语的研究逐步深入，专家的看法逐渐倾向于把俫语归入南亚语系。所以，本书没有把俫语列为仡佬语方言。

隆林仡佬族居住比较分散，不同支系间语言差异较大，无法直接用仡佬语交流。根据其差异分为"多罗"和"哈给"两个方言支系。

"多罗"支系主要分布在德峨镇么基村的大水井和下冲，克长乡新华行政村的罗湾和岩茶乡者艾行政村的平林、湾桃等自然村，人口约有 500 人。目前，能较熟练使用该方言母语进行交流的不到 30 人，一些人仅记得少量的词汇，日常交际使用当地汉语，因此，"多罗"方言已经濒临失传。

"哈给"支系主要分布在德峨镇三冲行政村的弄麻、鱼塘、保田和大田 4 个自然村，其中有 400 多人使用"哈给"支系仡佬语进行日常交流（王怀榕、李霞 2007）。弄麻自然村仡佬族自称"哈给"[ha³³kei⁵³]，属于青仡佬，当地人称为"水牛仡佬"。多居住在高寒山区泥石山的山腰上。据史料记载，弄麻仡佬族从贵州仁怀县金竹寨（现为贵州省仁怀市茅坝镇安良村金竹屯）逃荒而来，多数姓何。也有的家族是从贵州省遵义市迁徙而来，至今已有5代。

　　弄麻、保田和鱼塘3个自然村的仡佬族母语保存完好，大田仅有少数60岁以上的仡佬族老人才懂仡佬语，中年以下的已经不再使用仡佬语。弄麻的仡佬族多为土生土长，用母语交流；少量是从外村迁入的其他支系成员，在弄麻生活一段时间后，一般也转用仡佬语"哈给"方言；5户苗族人也都会讲仡佬语。仡佬语是村民的日常交际用语。保田和鱼塘两个自然村也基本如此。村寨内语种比较丰富，处于"全民多语"状态。仡佬族很多人能讲4至5种语言，除了母语之外，还会说当地汉语方言、苗语和壮语等。但附近村庄的苗族很少有人会说仡佬语。嫁给仡佬族的外族妇女，四五年内能掌握仡佬语；外嫁出去的仡佬族妇女一般也能继续使用仡佬语，其子女也都能用仡佬语通话。由此可见，母亲在仡佬语传承中起着巨大作用。村寨内有少部分人，尤其是老年妇女，从未读过书或外出务工，还不会讲普通话。

　　本书主要调查仡佬族"哈给"支系方言，以隆林德峨镇三冲行政村弄麻自然村仡佬语为代表点，兼及鱼塘、保田和大田3三个自然村。

（二）声韵调

1. 声母（43个，不包括零声母）

p	ph	b	m	m̥	f	v	pl	bl	pz
t	th	d	n	n̥	l	ɬ			
ts	tsh	dz	s		z				
tʂ	tʂh	dʐ	ʂ		ʐ				
tɕ	tɕh	dʑ	ȵ	ȵ̥	ɕ	ʑ			
k	kh	g	ŋ	ŋ̥	h	ʔl			
w	j								

声母例词

p	pɿ^{53}	包裹	pu^{35}	四	piau^{35}	酒
ph	phei^{53}	黄	phu^{31}	脱（~玉米）	phaŋ^{53}	埋
b	ba^{35}	父亲	bu^{13}	竹节	bei^{35}	有
m	mau^{13}	帽子	m^{31}tai^{53}	树	mei^{53}	爬行
m̥	m̥ən^{33}	蜷缩	m̥au^{35}	猪	m̥e^{13}	酒提
f	fe^{33}	天（日）	fu^{33}	行（一~）	fai^{35}	卖
v	va^{53}	挂	vu^{33}	去	ve^{31}	风
pl	pla^{35}	错	plu^{35}	活	m^{31}plo^{35}	鱼
bl	ble^{33}	腮颊	bləu^{33}	飞	blən^{35}	后
pz	pzi^{31}	烧	m^{31}pzi^{13}	扁担	pzi^{31}	快（刀~）
t	ta^{35}	拿	tu^{31}	啄	tuŋ^{33}	切
th	tha^{35}	戳	thu^{31}	吐（~口水）	thaŋ^{13}	栽
d	da^{33}	祖母	da^{13}	旁边	diau^{31}	肥
n	naŋ^{53}	捆	no^{33}	饿	ne^{31}	油
ȵ̥	ȵ̥i^{31}	稠	ȵ̥o^{53}	告诉	ŋ̥^{33}	他
l	la^{13}	咽（~下）	lau^{31}	地	laŋ^{31}	起床

ɬ	ɬa⁵³	搓	ɬu⁵³	心	ɬuŋ³⁵	铺（~被子）
ts	tsei³⁵	抠	tsui¹³	最	tsui³³tsʅ³¹	锥子
tsh	tshe³¹so⁵³	厕所	pən³³tsho³⁵	锛锄	tshui¹³	锤子
dz	dzʅ³¹	时候	m³¹dzu¹³	汤匙	dzei¹³	剁（~肉）
s	sai³³	肠子	sei³⁵	梳子	m³¹sa⁵³	米
z	zei¹³	衣服	zu³⁵	声音	zuŋ¹³	田
tʂ	tʂa³³	网	tʂau³³	热	tʂan¹³	霸占
tʂh	tʂha¹³	查（~账）	tʂhou³¹	推	m³¹tʂʅ³¹	尺子
dʐ	dʐa³¹	借	dʐu¹³	套（~牛轭）	dʐau³¹	尿
ʂ	ʂa³⁵	漆树	ʂu³¹	扫	ʂʅ³¹	一
ʐ	ʐa¹³	拿	ʐu³³	咳嗽	ʐai¹³	病
tɕ	tɕiau³¹	着急	tɕiu³³	奶	tɕiŋ³³	发冷
tɕh	tɕhi³⁵	玉米	tɕhin³³tsu⁵⁵	清楚	tɕhau³⁵	刨
dʑ	dʑi¹³	线	dʑiu³³	弟弟	m³¹dʑie³¹	虱子
ɲ	ɲa³¹	饭甑	ɲo³³	马	ɲiau³³	肉
ņ	ņi³¹	鼻子	ņau³¹	勤	ņe³⁵	银子
ç	çie³¹	抹	a³³ɕiu⁵³	辣椒	ȵi³¹ɕiuŋ³¹	早晨
ʑ	ʑe¹³	锯子	ʑo⁵³	约定	jaŋ³¹zi¹³	土豆
k	ka⁵³	打	ku³¹	刮	kai³⁵	鸡
kh	khuŋ³³	煨	khu⁵³	箍	khən³³	肯、愿意
g	ga³¹	拦	gu⁵³	划	gən⁵³	斤
ŋ	ŋau³³	露水	ŋe⁵³	铁锈	ŋ³¹	水
ņ̊	ņ³¹kai⁵³	鸡蛋	kəu³³ŋ̊⁵³	花	ŋ̊³⁵	狗
h	ha³⁵	吃	ho³⁵	摊	haŋ³¹	喝
ʔl	ʔli¹³	太阳	ʔlau³¹	腰	ʔle³¹	懒
w	wo³¹	瓦	wa³¹tsʅ³³	袜子	wai¹³kuo³¹	外国
j	jau³³	收拾	juŋ³³	干净	jaŋ³⁵	浸泡

隆林仡佬语　语音

7

2. 韵母（37 个）

a	e	ə	i	u		o	ɪ	ɿ	ʅ
ai	ei		iau	ua	yei				
au		əu	iu	ue	ye				
an		ən	in	ui					
aŋ		əŋ	iŋ	uo					
ie	uai								
ian	uan								
iaŋ	uaŋ								
iuŋ	uŋ								
io	un								

韵母例词

a	ka⁵³	打	la³¹	摸	ha³⁵	吃		
e	ke⁵³	骂	le³³	歪	ŋe⁵³	铁锈		
ə	tʂhə³³	车						
i	ki³⁵	家	thi⁵³	鞋子	di¹³	碗		
u	ku³¹	刮	lu¹³	地方	ʂu⁵³	蛰		
o	ko³¹	屎	lo³³	翻	to³⁵	眼睛		
ɪ	mɪ³¹	鬼	pɪ³¹	踩	ha³¹hɪ³¹	凉		
ɿ	ma³¹tsɿ⁵⁵	麻子	dzɿ³¹	时间	tsɿ⁵³	秤		
ʅ	ʂʅ³¹	一	dʐʅ³¹	话	tʂʅ³¹	尺		
ai	kai³⁵	鸡	lai³⁵	流	pai³⁵	火		
au	kau³⁵	戴	lau³¹	懂	ʂau⁵³	灶		
an	kan³³	敢	tʂan¹³	霸占	mə³¹fan³⁵	模范		

aŋ	kaŋ³³	盖	laŋ¹³	卷	daŋ³¹	果子
ei	mei³⁵	羊	tsei³⁵	抠	sei³⁵	梳子
əu	kəu³¹	疮	dzəu¹³	弟弟	həu³⁵	布
ən	sən³⁵	买	hən³⁵	人	zən³¹	杀（~鸡）
əŋ	bəŋ¹³	生（~孩子）	ləŋ³¹	偷	pəŋ³⁵	死
iau	piau³⁵	酒	diau³¹	肥	miau³¹	罐子
iu	diu¹³	挺	liu³¹	留	tɕhiu³³	熏
in	tɕin³³	冷	bin¹³	门	khən³³tin¹³	肯定
iŋ	jiŋ³³	剪	liŋ³¹	零	niŋ⁵³	念经
ie	tɕhie⁵³	挑选	tɕie³³	挪	phie¹³	搬
ian	tian³⁵hua¹³	电话	sui³¹pian¹³	随便	tɕin³³lian¹³	经验
iaŋ	tiaŋ³³	小	liaŋ³¹	深	phiaŋ³¹	陡峭
iuŋ	diuŋ³¹	玩耍	ka³¹thiuŋ³⁵	耳环	da³¹liuŋ³¹	坟墓
io	tɕio⁵³	脚	tɕhio³³	碓	tio³¹	垂
ua	hua¹³	画	tian³⁵hua¹³	电话	ɕin³³jin³¹hua³³	金银花
ue	kue⁵³	灌	tɕhue³³	铲	kue³³	管
ui	khui³⁵	铧口	tshui³¹	催	thui³³pau³⁵	推刨
uo	suo⁵⁵	锁	huo³³tɕhə³³	火车	piŋ³¹kuo³¹	苹果
uai	kuai³⁵	怪	khuai³¹	快	ʂuai³¹	甩
uan	kuan³⁵ʂʅ³⁵	习惯	juan¹³	愿意	tʂhuan⁵³	铲
uaŋ	tsuaŋ³¹	假装	tshuaŋ¹³	传（~代）	kuaŋ³¹ɕi³¹	广西
un	sun⁵³	顺（~路）	kun³³	搅	ka³¹kun³³	路
uŋ	kuŋ³⁵	前	luŋ³¹	菜	puŋ³⁵	石头
yei	ɕyei³¹	削	ʂʅ³¹ɕyei³¹	一拃		赚
ye	ɕye³¹	计算	tɕye⁵³		hai⁵⁵tɕhye³¹	西红柿

3.声调（6个）

调值	调型		例词					
55	高平	suo^{55}	锁	lau^{55}	知道	ka^{55}	黏
33	中平	to^{33}	断	lau^{33}	捞	ka^{33}	锅
35	中升	to^{35}	眼	thau^{35}	逃	ka^{35}	斧头
13	低升	bo^{13}	完	zau^{13}	里	da^{13}	旁边
53	高降	ŋo^{53}	告诉	mau^{53}	臭	ka^{53}	打（~人）
31	中降	mo^{31}	来	dau^{31}	唱	la^{31}	摸

4.声韵调说明及音变

（1）塞音和塞擦音声母有清、浊对立，但是浊辅音声母都处于不稳定状态，常常变读为同部位的清辅音声母。在单音节词中，清化鼻音声母都有较强的送气音色彩；在多音节词或语流中，清化鼻音不易听辨。双唇半元音声母 w 和唇齿浊音声母 v 有对立，但绝对对立的例词不多，有混读现象；w 只用来拼读汉语借词。半元音声母 j 和舌面前浊辅音声母 ʑ 对立情况不明显，也有混读现象。舌尖前声母 ts、tsh、s、z 和舌尖后声母 tʂ、tʂh、ʂ、ʐ 有明显的代际差异，老一代都有舌尖后声母，年青一代易于发成舌尖前声母；舌尖前声母和舌尖后声母与舌面前声母 tɕ、tɕh、ɕ、ʑ 在以 i 为介音的音节中有对应的变读现象。元音开头的音节前都带有喉塞音声母 ʔ，文中不再标出，但少量能够区别意义或读音有明显差异的仍然标出，如：ʔəu^{53}"沤"、ʔe^{53}"安"等词；辅音前加喉塞音 ʔ 的声母仅有复辅音 ʔl。舌尖中鼻音 n 和边擦音 ɬ 有时读为边音 l；复辅音 pl 的前双唇清塞音有脱落的现象，易读为 l。

（2）单元音 ɿ 和 i 有区别意义的功能，归为不同的音位。韵母 ɿ 只出现在舌尖前塞擦音 ts、tsh、dz 和擦音 s、z 之后；ʅ 只出现在舌尖后塞擦音 tʂ、tʂh、dʐ 和擦音 ʂ、ʐ 之后。e 单独做韵母时，实际上发音为 ɛ，遵从传统的记音和音系的简洁，统一记作 e；e 和 ei 有混读现象。后鼻

音韵尾 ŋ 不稳定，常常读为前鼻音韵尾 n。ai、au、aŋ、uŋ、o 等洪音韵母与声母 dʑ、ʑ 和 dz、z̩ 相拼时，可以互读，不区别意义，而且代际差异明显，老年人（50 岁以上）倾向于发 dʑ 和 ʑ，年轻人倾向于发 dz 和 z̩。au、uo 和 o 常有混读现象。ə、ye、yei、ie、ua、ue、an、ian、uai、uan、uaŋ、ui、uo 等韵母在固有词中基本不出现，主要出现在汉语借词中，而且有些韵母例词较少。

（3）6 个声调中有 2 个平调、2 个升调和 2 个降调，没有曲折调。55 调的实际调值常常只有 45，该调值的音节数量相对较少；在重读或强调的情况下，33 调也可以读为 55 调。35 调的实际调值常常是 24，在不强调的情况下，易与 13 调相混。13 调在单音节或没有声调对比的情况下，重读或强调时一部分也会读成 35 调。53 调的实际调值常常为 42，在不强调的情况下，有时易与 31 调相混。31 调一般出现在双音节或多音节词的第一个音节，也易读为 21；在单音节或没有声调对比的情况下，重读或强调时一部分也会读成 53 调。

（4）有变调、增音、合音和脱落等语流音变现象。变调现象比较普遍，情况也很复杂，整体感觉是追求抑扬顿挫的曲折变化和发音的省力。规律难寻，有待于进一步研究。目前来看，主要有：在双音节词或词组中，变调分为前音节变调和后音节变调；在句中，前后两个音节连读时，变调音节受前面或后面音节的影响而发生变调。例如：

双音节词或词组中，前音节受后音节的影响，调值发生改变，如：1）13+35 → 31+35，lau$^{31(13)}$phin^{35}"平地"；2）35+13 → 31+13，ki$^{31(35)}$zɐu^{13}"家里"；3）35+31 → 31+31，ʔli$^{31(35)}$du^{31}"天亮"。

双音节词或词组中，后音节受前音节影响，调值发生改变，如：1）31+35 → 31+55，mo^{31}ki$^{55(35)}$"回家"；2）33+35 → 33+31，sai^{33}kai$^{31(35)}$"鸡肠"；3）31+53 → 31+31，luŋ^{31}mo$^{31(53)}$"芹菜"。

语流中，受前后语音的影响，有时会增加某个音素。主要有：

1）受前音节的影响而出现增音，如：tsho^{13}lən^{53}（跟）hən^{35}（人）ho^{33}（好），tɕiu^{31}（就）bei^{35}（是）hən^{35}（人）ho^{33}（好）.（跟好人，成好人。）其中，ho^{33}（好）的本音是 o^{33}，受到前面音节 hən^{35} 的影响，读成了 ho^{33}；

引言

2）受后音节的影响而出现增音，如：sa^{33}tau^{53}（我俩）min^{31}（把）ȵai^{31}（牛）pho^{31}（帮）ȵai^{31}（这）vai^{53}（赶）tau^{13}（到）sɿ^{31}（一）laŋ^{31}（个）tha^{53}（地方），tha^{53}（地方）nu^{31}（那）tsui^{31}（最）o^{33}（好）．（我俩把这群牛赶到一个最好的地方。）其中，me^{31}（把）有时变读为 mi^{31}，这里因受到后面 ȵai^{31} 的声母 ȵ 的影响，变读为 min^{31}。

语流中，两个相对独立的音节因语速较快而合并成为一个音节。合音主要是出现在两个音节的声母均为单辅音或其中一个音节的声母为零声母的音节中。合音也是语流音变中的一种脱落现象。例如：ŋau^{53}（睡觉）pe^{31}（梦）ko^{35}（看见）bei^{35}（有）sɿ^{31}（一）hən^{31}（个）li^{31}（小）mei^{33}（姑娘）tʂhu^{53}（出）ta^{13}（从）ŋ^{31}（水）ʐau^{35}（里）muo^{31}（来）．（睡梦中看见一个小姑娘从水中出来了。）句中的 sɿ^{31}hən^{31}（一个）常常读成 sən^{31}。

脱落分为声母脱落和韵母中的元音脱落。

1）单辅音声母的脱落，如：mi^{13}ka^{33}te^{53}"嘴唇"读为 mi^{13}a^{33}te^{53}，其中的 ka^{33} 变读为 a^{33}；

2）复辅音变为单辅音，如：bləŋ^{13}sɿ^{31}hi^{53}"初一"读为 bən^{13}sɿ^{31}hi^{53}，其中 bləŋ^{13} 变读为 bən^{13}；

3）韵母中的元音脱落，既有主要元音的脱落，也有元音韵尾脱落。主要元音脱落的情况比较特殊，一般是以 mo 和 mu 开头的音节在语流中快读时元音 o 或 u 常常弱化并脱落，变为双唇鼻音自成音节。例如：mu^{31}"你"变读为 m^{31}，mən^{31}mei^{31}hau^{55}"毛毛雨"变读为 mən^{31}mɿ^{31}hau^{55}，mai^{31}"要"变读为 ma^{31}。

三　凡例

（一）记音依据

以弄麻自然村仡佬族中老年居民的口语为标准，主要发音人是何正安。何正安，男，1963 年 2 月出生于德峨公社三冲大队弄麻生产队，现今在隆林各族自治县政协工作。1988 年 9 月之后，一直在县城工作、生活。但常回老家弄麻，一直与家人及村中人用仡佬语 "哈给" 方言交流，通当地汉语方言和普通话，苗语程度一般。第二发音人为勾远兵，男，大学本科学历，1976 年 5 月出生于三冲大队鱼塘生产队，现为隆林各族自治县新州第一小学教师。第三发音人为勾春祥，男，1963 年 12 月出生于三冲大队鱼塘生产队，在鱼塘自然村务农。后两位发音人的语音与何正安的语音略有差异，但相互交流没有任何障碍。本书音系根据何正安的发音确定。

（二）图片来源

本书收录隆林仡佬语 "哈给" 方言文化图片共计 500 余幅。这些图片是近几年在德峨镇三冲行政村的弄麻、鱼塘、保田和么基行政村的大水井等自然村拍摄的；因隆林仡佬族有些实物已经消失，为丰富书稿内容，使用了同为 "哈给" 支系的贵州省贞丰县连环乡坡棉行政村坡帽自然村补拍的三张照片。图片拍摄者主要为袁善来和项艳，少数照片由何正安提供。

（三）内容分类

本书所收仡佬语"哈给"方言文化条目按内容分为 9 大类 31 小类：

（1）房屋建筑：住宅、其他建筑、建筑活动

（2）日常用具：炊具、卧具、桌椅板凳、其他用具

（3）服饰：衣裤、鞋帽、首饰等

（4）饮食：主食、副食、菜肴

（5）农工百艺：农事、农具、手工艺、商业、其他行业

（6）日常活动：起居、娱乐、信奉

（7）婚育丧葬：婚育、丧葬

（8）节日：春节、过三月、过七月、尝新节

（9）说唱表演：委婉语隐语、俗语谚语、祭祀词、故事

如果某个条目可归属多个大类，先归入特殊的类。例如"豆腐箱"可归日常用具和农工百艺，本书归入农工百艺。为了阅读方便，把一些关系特别密切的条目（图片）放在一起，例如，把 [tɕhio^{33}ka^{53}m^{31}pzi^{31}]"糍粑碓"放在节日类做糍粑相关活动中，而未放入日常用具。

中国语言文化典藏

（四）体例

（1）每个大类开头先用一段短文对本类语言文化现象做一个概括性的介绍。

（2）除"说唱表演"外，每个条目均包括图片、民族语言词、正文三部分。"说唱表演"不收图片，体例上也与其他部分有所不同，具体情况参看"说唱表演"。

（3）各图单独、连续编号，例如"1-1"，短横前面的数字表示大类，短横后面的数字是该大类内部图片的顺序号。图号后面注拍摄地点（一般为自然村名称）。图号和地名之间用"◆"隔开，例如"1-1◆弄麻"。

（4）由于仡佬语"哈给"方言没有自己的民族文字，因此，一般在图下写该图的国际音标及其汉译。如是一图多词，各词之间用"｜"隔开，例如：[kɿ³⁵lu³³]"堂屋"｜[kɿ³¹lu⁵⁵]"神龛"。

（5）正文中出现的民族语言词用引号标出，并在一节里首次出现时注国际音标，对民族语言词的注释用小字随文夹注；在一节里除首次出现时外，只加引号，不注音释义。

（6）民族语言词记实际读音，如有变调等现象，一律按连读音记，例如：[na³³thaŋ³¹tɕhi³⁵]"种玉米篓"（"播种、栽"单字音[thaŋ¹³]）。

　　三冲仡佬族世世代代以农业为主畜牧业为辅,传统建筑仅有普通民居及其附属建筑物。房屋一般依山而建,朝向不一,有房无院。房舍类型主要有传统的木架瓦房、青砖瓦房和砖墙楼房。建筑材料是就地取材,主要利用当地的木料、竹子、石头以及由黏土烧制的砖瓦。传统民居为石块垒基、木料搭架、青瓦覆顶。屋内布局大体以堂屋为中心,左右为厨房和卧室。厨房一端前后分隔为与堂屋相贯通的厨房和单独的卧室或储藏室;卧室一端一般也分隔为前后两间。墙体主要为木板墙、竹篾墙、树皮墙、砖墙、石头墙和泥筑墙等。

　　盖房子是家中大事。建造传统凿眼榫斗的木架瓦房时,在下地基、立房架、立门、上梁等不同阶段,按照民间建房礼仪举行一些民俗活动,祈求房屋永固、富贵长久、代代兴旺、子孙满堂等。例如,新房建筑中有上梁的习俗。房梁一般是女主人的娘家兄弟或男主人的亲兄弟赠送的,也可自备。先将房梁加工成毛坯,在梁的中部挖出一个小洞,洞内放一些稻谷和玉米等,再放入一块写有祈求吉祥类汉字的方形红布。送到建房场地后,由木匠现场再加工,并用四块银元、铜钱或硬币把红布四角钉在房梁

中国语言文化典藏

18

正中间的"吉祥框"内。预示主人家四季平安、万年富贵。如果房梁是女主人娘家兄弟送的且他们有人会上梁，就自己带人过去；如果没有，就要在当地请人来上梁。上梁时，每上一步，都要说一段吉利话。房梁架到 [phai¹³ki³⁵] "立架" 顶端后，在墙头发一些糖果。上梁当天，主人家要杀一头猪招待娘家兄弟和送屋梁的客人，还要送给娘家兄弟一只大猪腿或半边猪肉。

现代楼房，屋顶用钢筋混凝土浇筑而成，已逐渐取代传统民居。多为自家修建，请亲戚朋友来帮忙，建房仪式已经简化或没有。正房一般为三间二层。第一层的中间为堂屋，后墙上设神龛，左右两端分别隔出两间卧室和一间卧室及由堂屋到厨房的通道、上二楼的转角楼梯；第二层中间的房屋存放粮食、安置碾米机和玉米破碎机等，人口较多的家庭把二楼两侧的厢房隔为四间卧室，人口较少的家庭仅隔开一侧厢房为两间卧室，另一侧厢房作为磨坊等。在正房的一侧附加一间厨房。猪圈和牛圈等附属建筑一般设在地下层或在正房附近另建。

[ki³⁵] "房子"

　　整座房屋，也是"家"的意思。正屋一般建成一座三开间的凹形结构，中间为堂屋，两边为卧室和厨房。堂屋不铺天地楼板，寓通天达地，民间认为可供祖先魂灵自由出入，高大的空间也让人心生敬畏。厨房和卧室均有阁楼，用可移动梯子上下。人口较多的家庭在正屋一侧或两侧再搭建一间或两间厢房作为卧室或放置农具、石磨等的杂物间。

中国语言文化典藏

[m³¹liaŋ⁵³] "房梁"

　　专指架设在堂屋内左右两根中柱顶端的大木梁，梁上还有屋檩。房梁中段的"吉祥框"内挖一个小洞，内放稻谷、玉米等粮食；用四块银元、铜钱或硬币把一块方形红布的四角钉在"吉祥框"上；梁上写"五世其昌""万代兴隆"等吉祥字样。

[ki³⁵m³¹tai⁵³ha⁵³wo³¹] "木瓦房"

　　具有传统风貌的木结构梁架瓦房。又称 [ki³⁵ko⁵³] "老房子"。目前少量保留。石块垒基，木料搭架，构架为"五柱六瓜"或"五柱八瓜"，即五根柱子落地、六或八根瓜柱。凿眼榫斗，装镶木板或用竹篾、涂泥篾片为墙，盖自制的陶土瓦。

[do³¹ki³⁵tau⁵³] "卧室阁楼"

　　在卧室上方欠子上用 [pli³¹tai³¹thi³⁵pɿ⁵³] "楼板"铺就的阁楼。以前供未婚儿女居住或囤放粮食，现在多堆放杂物。

隆林仡佬语 壹·房屋建筑

1-5◆弄麻

1-6◆弄麻

[do¹³kuŋ¹³ṣau⁵³] **"厨房阁楼"**

[phai¹³ki³⁵] **"立架"**

厨房上方欠子上面用方木条或细竹木棍铺搭而成的阁楼。用于存放粮食、种子和杂物等。方木条或细竹木棍间的缝隙利于通风和火烟散发，可熏烤阁楼上的粮食和种子等，起到防潮防蛀作用。"立架"为传统木瓦房凿眼榫斗的"人"字形木框架，下段为[m³¹sau³⁵] **"房柱"**。建房时，先把"立架"立起来，用欠子连接；柱头上架设屋檩，檩上钉椽子以盖瓦。

[kai³⁵] **"楼梯"**

搭靠在堂屋中阁楼的边沿，上下阁楼用的梯子。用两根木料做边，中间安上横档，横档为单数，结实、轻便、可移动。

1-8 ◆ 弄麻

1-9 ◆ 弄麻

[mo³¹pzi¹³] "挑手"

位于檐柱外侧，伸到屋檐上，由上下两根枋子与瓜柱穿接起来构成的"万"字形结构。起撑托屋檐檩条的作用。

[tɕio⁵³tshuan³⁵ko⁵³] "封檐板"

镶在屋檐椽头端的长条形木板。少数人家房屋的"封檐板"挖凿成一侧带有一连串半圆形和三角形图案的长木板。多数人家房屋的"封檐板"只是一块长条形木板。其作用是略抬高檐口以稳定檐口瓦，也使檐口美观。

[tɕio⁵³pli³¹tɕhye⁵³] "地脚枋"

传统木架瓦房中，把立柱底端穿接起来、接触地面的厚木板，构成整座房子的底脚。俗语有 [m³¹tɕiu¹³suo³³tɕiuŋ³⁵tɕio⁵³pli³¹tɕhye⁵³a³¹] "筷子撬不动地脚枋"，意为细小的筷子撬不动整座房子的底脚，借指有的人自不量力，做自己力所不能及的事情。

1-7 ◆ 弄麻

1-10◆弄麻

[wo³¹pzi³¹] "陶土瓦"

　　用陶土烧制的瓦。用黏土制成瓦坯，在窑中烧制而成。在黏土上泼洒一些水，让牛踩成泥状并用钢丝弓切割成泥坯，把泥坯贴到制瓦模具上制成泥坯瓦桶，晒干后使之分裂成泥坯瓦片，最后装入瓦窑高温烧制。

[pluŋ⁵³wo³¹do¹³ki³⁵] "屋顶瓦堆"

　　处于屋脊正中间的一堆瓦片。少数人家垒成"品"字或古钱式的造型；多数人家的是由四块向上反翘的瓦片构成一个半圆形，再在半圆形中间扣盖一堆瓦片。

1-12◆保田

中国语言文化典藏

[do¹³m³¹liaŋ⁵³] **"屋脊"**

　　传统瓦房屋顶最高处的一长条 [wo³¹do¹³ki³⁵] "屋脊瓦"。在两面坡屋顶相交处的屋檩上，先交叉叠压扣盖两层瓦片，再斜着覆盖一层瓦，形成屋脊；两头横扣几块瓦片，构成一个瓦堆，瓦堆后反翘着放置三四块瓦片，共同构成一个微微翘起的造型，称为 [do¹³kau⁵³ki³⁵] "脊两头"。

[do³¹ki³⁵] **"屋顶"**

　　房屋顶上盖瓦的坡面。传统瓦房多为两面坡，由前后两个坡面构成人字形屋顶。

隆林仡佬语　壹·房屋建筑

[pu³⁵mi³¹ki³⁵] "四面坡"

在传统三开间房屋的左右两端再各建一间厢房，形成五间的建筑结构。三间正房前后两面坡加上两端各一间厢房形成的两个坡面，构成"四面坡"的房顶。

[wo³¹tɕio⁵³ki³⁵] "屋脚瓦"

房檐最前端的两排瓦。第一排的沟瓦和盖瓦都是单层，第二排的单层沟瓦压在第一排的单层盖瓦上，再盖上双层瓦。屋檐角用一堆瓦支撑起鳞次叠起的五块反翘瓦，其后部再压上一堆瓦，用石灰黏合在一起，像一只鸟翘起的尾巴。既可防止大风吹落瓦片，也显得十分美观。

[bi¹³do³¹ka³¹m³¹tai⁵³] "树皮墙"

用杉木树皮制作的木架房外墙。一般钉在木架房人字形"立架"的上部。当地盛产的杉木树剥取整块杉木皮，压平整后用作建筑材料。

[bi¹³do³¹tai⁵³] "木板墙"

在"立架"的枋子上安装的作为墙体的木板。房屋的内外多使用这种墙体。用圆木直接拼接，安放在房屋后部较偏僻低矮之处"立架"下部的墙体，称为 [bi¹³do³¹mo³¹m³¹tai⁵³] "木楞墙"。

1-18◆弄麻

[bi¹³do³¹jau⁵³] **"竹篾墙"**

　　用几根竹片拼合在一起编制而成的竹簟状建筑材料。作为外墙体,一般钉在人字形"立架"的上端。

[bi¹³do³¹fu⁵⁵ko³¹ȵai³¹] **"牛粪墙"**

　　用单根竹片编制竹簟状的建筑材料,再在竹簟上糊上稀牛粪或稀泥。用作外墙体,一般钉在屋后的枋子上。

1-19◆弄麻

中国语言文化典藏

[bi^{13}do^{31}do^{55}dz$_l^{31}$] **"泥土墙"**

　　用版筑垒成的泥土墙体。在夹板中填入泥土，用杵夯实而筑成。目前，三冲仡佬族仅在弄麻老寨保留了这种土墙。

[thian^{31}khəu^{53}] **"吞口"**

　　将堂屋正面的外墙向内缩进一个步架，形成门前凹进去的一块空间。使得堂屋外部形象明显区别于左右两侧的厢房，以突出堂屋的核心地位。设堂屋的大门和左右两侧厢房的小门，强化了入口空间，使得建筑空间井然有序。当地认为，"吞口"有驱邪吞恶的寓意。其上方是连接卧室和厨房阁楼的 [do^{31}thian^{31}khəu^{53}] **"楼上过道"**。

[bin¹³li³¹] "大门"

堂屋正面中间设置的双扇内开木门。直通堂屋，正对着神龛。两边的木框为 [m³¹sau³⁵bin¹³] "门框"；上方是"门头"，内侧安一条横木为 [tʂo⁵⁵bin¹³] "门楣"；下方高出地面的一段横木为 [tɕio⁵³bin¹³] "门槛"；围绕 [daŋ¹³bin¹³] "门轴" 转动，从中对开的为 [bi³¹bin¹³] "门扇"。

[phi³³bin¹³li³¹] "大门闩"

旧式大门背后木质的闩门装置。由安装在大门两个门扇后部的固件和上下两根可以抽动的短横木构成。

[phi³³bin¹³ti³³] "小门闩"

安装在侧门门框上的闩门装置。由一个固件和一个可以左右摆动的"舌头"构成。

1-24 ◆ 弄麻

1-25 ◆ 弄麻

[m³¹kaŋ³¹phi³³bin¹³] "门杠"

　　比大门宽度稍长的木杠。关上大门后，把"门杠"横着插入大门框两边的固件中，起到封闭门扇的作用，使外面的人无法推开大门。

[bin¹³ti³³] "小门"

　　从"吞口"进入左右两侧厢房的单扇门，用门轴安装在门框的一侧。

[bin¹³so³³] "门锁"

　　安装在侧门门框上、从室外和室内都可以关门和开门的活动装置。用一根木棒作为转轴并从门框上的一个洞中穿过去，转轴的长度与门框和门扇合起来的厚度相当，在其两端装上便于扭动的端头。当门扇闭合时，从室外或室内扭动突出的端头，可以关门或开门。

[lo³⁵to³¹to³⁵ŋ³¹mən³¹] "门口水笕"

　　架设在门前檐口瓦下方的一段水槽。以前，用敲掉中间竹节的半边粗竹子做成或用棕榈树挖成；现在，多使用塑料排水管。安装时，一头高，另一头低，能够把檐口滴水引到较远处去，以免淋湿进出屋子的人。

1-27 ◆ 弄麻

1-28 ◆ 弄麻

1-29◆弄麻

1-30◆弄麻

[zau³¹tuo³¹kəu³³ŋ⁵³m³¹tai⁵³] **"木花窗"**

　　窗框为方木料，窗格由很多短方木条拼构出小方格和五朵"花"。安装在传统木瓦房卧室和厨房正面的木板墙上，用于采光和通风。也有仅用短方木条拼构出很多小方格的窗子，称为 [zau³¹tuo³¹m³¹tai⁵³] "木格窗"。

[zau³¹tuo³¹kəu³³ŋ⁵³sui³¹li³¹] **"水泥花窗"**

　　用带有一定花样的水泥构件垒砌成的窗户。安装在旧式砖瓦房大门两侧和厨房的前后墙上。

[ki³⁵wo³¹] **"瓦房"**

　　屋顶盖陶土瓦、外墙体由陶土砖或水泥砖砌成的房子。房屋的内部结构和建筑材料同木瓦房，没有"吞口"，大门两侧的前墙上各安装一个采光、通气用的水泥花窗。鱼塘自然村还有少量用 [wo³¹sui³¹li³¹] "水泥瓦" 覆顶的房子。

1-32◆弄麻

[zau³¹tuo³¹m³¹tai⁵³bi³¹tɕin³⁵] **"玻璃窗"**

　　由木料、钢筋和玻璃做成的窗子。木料做外框，钢筋做横档，上部安 [ʔe⁵³zau³¹tuo³¹] "摇头窗"，外装两扇玻璃窗扇。多安装在旧式砖瓦房和早期建造的楼房的卧室和厨房的外墙上。现代新式楼房多使用市场上购买的推拉式铝合金窗。

1-31 ◆ 弄麻

[ki³⁵ləu³¹faŋ³⁵] **"楼房"**

　　又称 [ki³⁵a³³] "新房子" 或 [ki³⁵do³¹phin³⁵] "平顶房"。用陶土砖或水泥砖砌成墙体、钢筋混凝土浇筑屋顶的房子。正房一般为三间二层。厨房在正房一侧另建。堂屋一角建有台阶式楼梯，直达屋顶的楼梯间。平顶用作晒谷场。

[kuŋ¹³ṣau⁵³] "厨房"

准备食物并进行烹饪的房子。新式楼房一般在正屋一侧另搭建一间瓦房作为厨房。厨房上方用方木条或细竹木棍铺搭成阁楼。一道内门与堂屋相通，一道外门通向室外；前后各开一扇窗户以采光、通风和散烟。内设有火塘、灶台和水柜等，摆放着碗柜、锅架等。

[do³¹kɿ³¹lu⁵⁵] "供台"

神龛上摆放祭器和供品的平台。祭祀时，摆放香炉、茶油灯、烛台等祭器和各种供品；平时，放祭器以及纸钱、[kɿ³¹lu⁵⁵pluŋ³¹ne³¹mɿ³³] "茶油瓶"和 [m³¹tɕhin³⁵tɕie⁵³] "纸钱冲"等。

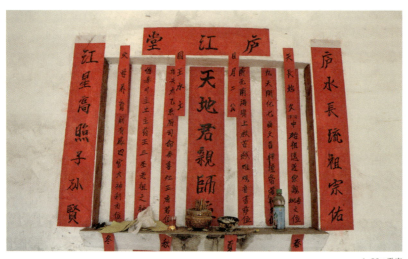

[kɪ³⁵lu³³] "堂屋" │ [kɪ³¹lu⁵⁵] "神龛"

祭祖和会客的重要场所。一般不住人，不摆放杂物。开间宽于两侧的次间，后墙壁上不开窗，其正中间设有神龛。神龛有"凹"形和"平"形两种。"凹"形多见，为后墙体上凹进去的一个方框；"平"形多用红纸直接粘贴或用匾额装在后墙壁上。神龛正位供奉"天地君亲师"；两侧供奉祖先名位和神农、观音、灶王、药王、三圣老祖、财神等神位。供台下方供奉着土地神位。地面正中处有一个插香孔。

1-38 ◆弄麻

1-37 ◆弄麻

[ka⁵³ʂ̩³¹to³⁵pzi³¹] "做纸钱"

把几张剪切成方块的黄表纸放在一块木板上，用"纸钱冲"在黄表纸上整齐地打出几排铜钱形的孔眼。有铜钱形孔眼的黄表纸称为[ʂ̩³¹to³⁵pzi³¹] "纸钱"，直译为"烧的纸"，是迷信的人烧给亡人或鬼神的纸片，也用作出殡时向空中抛撒的"买路钱"。

[m³¹tɕhin³⁵tɕie⁵³] "纸钱冲"

做纸钱的铁质冲子。用于在黄表纸上打出一个一个的铜钱眼。

[da³¹dʐuo¹³pai⁵⁵] "供桌"

放置在神龛下方，专门用于祭祀时摆放饭菜、酒水等供品的方桌。平时，桌面上不堆放杂物，桌柜里存放祭祀用的黄表纸、小碗、筷子等；婚嫁时，礼品在送给女方家之前，也摆放在供桌上。

1-39 ◆弄麻

[tɕhiuŋ³¹pai³⁵] "火塘"

　　厨房中间生火煮饭菜的火坑。一般为正方形或圆形，深约 15 厘米，边缘用土夯实或用砖石砌牢。内置一个铁质三脚架。寒冷时，人们习惯于围坐在火塘边吃饭。晚饭后，围坐在火塘边烤火取暖，做针线活，拉家常。

[sɿ³¹laŋ⁵³zau³¹sau⁵³] "单口灶"

　　用水泥砖或石块等垒成的简易、低矮的 [zau³¹sau⁵³] "锅灶"。一般设于厨房的里侧，主要用于蒸饭、煮大锅菜、烤酒和煮猪食等。前有 [hən³⁵sau⁵³] "灶门"，上架大锅，没有烟囱。

隆林仡佬语　壹·房屋建筑

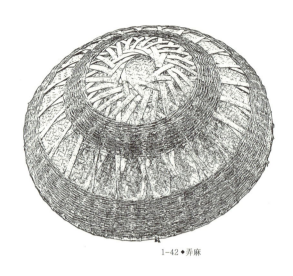
1-42 ◆弄麻

[tʂaŋ⁵⁵ka³³li³¹] "大锅盖"

　　盖在大锅上的炊具。圆形，用竹篾编制而成。使用时，扣在大锅内沿，保持锅内温度，并防止锅内食物飞溅。早期也可扣在[ta³¹zuŋ³⁵] "囤箩"上口，以防老鼠进入。现在仅做锅盖使用。

[ʂa⁵⁵laŋ⁵³zau³¹sau⁵³] "双口灶"

　　安有一口大锅和一口小锅的灶台。用黄泥土舂筑、挖空而成。大锅主要用于蒸饭、煮猪食和烤酒等。小锅主要用来日常煮菜和煮饭。这种灶台在当地比较少见。

1-43 ◆弄麻

中国语言文化典藏

[bi¹³khaŋ³¹tha⁵⁵jau⁵³] "竹熏簟"

悬挂在火塘上方，熏烤东西的竹簟。用粗竹篾编制而成，篾片之间有缝隙。主要用于熏烤辣椒、豆角和各类种子。

[bi¹³khaŋ³¹tha⁵⁵tai⁵³] "木熏架"

悬挂在火塘上方，熏烤东西的木架。用木棒绑扎而成。物品既可挂在架子下，也可放在架子上。还有一种用钢筋焊接的 [bi¹³khaŋ³¹tha⁵⁵tɕie⁵³] "铁熏架"，主要用于熏烤腊肉等。如果要熏干辣椒、豆角和种子等，则要放在小簸箕里，再架于熏架上。

[kha³⁵kha³⁵ka³¹kun³³] **"屋巷"**

　　房屋之间的通道。弄麻自然村平地很少，房屋多建在陡斜的山坡上，但老村寨的山梁上有一块稍平的区域，密密匝匝地建了很多房舍，房舍之间就形成了较为狭窄的"屋巷"。

[luŋ³³bei¹³dʐau³¹] **"坡村"**

　　依山就势、背靠山坡修建房舍而形成的村庄。随着人口增多，弄麻原村寨小块平地已无空间再建房舍，因交通不便现在很多人家搬到公路两旁陡斜的山坡上，于是形成了"坡村"。

[luŋ³³hən³⁵]"村庄"

  仡佬族往往几个姓氏家族聚居同一村落。以前，几乎都是族内通婚；现在，族内通婚仍然较多。同一村庄中，各姓氏之间几乎都是亲戚。

[bin¹³ɬu³¹luŋ³³]"村门"

  建在进入村寨处的大门。仡佬族的村寨本没有村门，图 1-49 是 2015 年隆林各族自治县举办仡佬族尝新节时在举办地大水井村新建的村门。

[the³³kai³⁵] "台阶"

　　用砖、石、混凝土等砌筑的供人上下的阶梯式建筑物。因在陡斜的山坡上建房,受到地基的限制或为了增宽门前的场地,屋基的前半部分处于悬空状态,形成地下层。地下层建有猪圈、牛圈或杂物间等。为了便于去地下层,就修建了台阶。

[tshe³¹so⁵³] "厕所"

　　专供人大小便的建筑物。早先,所有人家都没有修建单独的厕所,猪圈和牛圈兼有厕所的功能。老式厕所与猪圈同名,称为[fu⁵³mau³³]。近年来,通了自来水,每家每户都建了如图 1-51 所示的独立的冲水蹲厕。

[fu⁵³mau³³] **"猪圈"**

养猪的较低矮的棚屋。木料搭架，陶土瓦或塑料篷布覆顶，木板或石块建成围栏，正面设有活动的栅栏门。过去也用作厕所。

[fu⁵³ȵai³³] **"牛圈"**

关养牛、马、骡子和毛驴的屋子。木料搭架，陶土瓦覆顶，木板做成围栏，正面设有活动的栅栏门。

隆林仡佬语 亭·房屋建筑

[puŋ³⁵dzu¹³sən³⁵] "拴马石"

　　白天拴马的石头。将一块青石插于地面，上端凿一个圆洞，用于拴绳索。用一根长绳拴着马，使其能够在一定的范围内活动。

[fu⁵³mei³³] "羊圈"

　　养羊的棚屋。木料搭架，陶土瓦或塑料篷布覆顶。方木料和木板做成围栏，围栏上设有活动的栅栏门。底部悬空，铺设木板并留有缝隙，粪便从缝隙中直接漏到地面。零散养羊一般利用猪圈或牛圈。

[ki³⁵laŋ⁵³m³¹aŋ⁵³] **"柴房"**

存放木柴的棚屋。多数人家没有专门的柴房，一般是把木柴靠放在走廊上晾晒或堆放在杂物间里；少数人家把木柴架在猪圈、羊圈或牛圈中。

1-56 ◆ 弄麻

[tʂho⁵³] **"棚屋"**

搭建在农田边上的棚屋。农田离住地很远，农忙时节来回不便且耽误时间，人们就在农田边搭建一间棚屋，供劳作之余休息和吃住。以前用稻草，现在多用塑料篷布覆顶。

1-57 ◆ 保田

1-58 ◆ 弄麻

1-60 ◆ 弄麻

[bei³¹kai³⁵] "鸡笼"

关鸡鸭的木笼子，也可用竹篾编制。用木板钉成，前面设有活动的木板门。一般固定在走廊上，以避免淋雨。上面放置废旧的背篓或箩筐等，里面放一些柔软的稻草，作为鸡生蛋的窝。

[dʐ̩³¹bəu³³li³¹] "大水井"

用于储水的密封大水窖。用砖块、石块和水泥修建而成。利用管道将远处的山泉水引来注入其中，再输送到各家各户。

[dʐ̩³¹bəu³³] "水井"

取水的建筑物。三面用青石板砌成，高出地面大约一米，上面加盖构成井棚，侧面留有取水口。

1-59 ◆ 弄麻

中国语言文化典藏

1-61◆打铁寨

1-62◆保田

[lo³⁵to³¹ŋ³¹] "引水笕"

将山上的泉水或雨水引入大水井中的木槽或竹槽。由一根圆木对半锯开挖成或把一根粗壮竹子对半破开并敲掉中间的竹节做成，现在多用塑料软管。

[lo³⁵to³¹ta⁵³ŋ³¹] "过水笕"

山间农田中过水的木槽或竹槽。

[zau³¹tɕhio³³] "碓窝"

舂谷物时，盛放谷物的石窝。在一块大青石中间凿出一个上大下小、深40厘米左右的"窝子"，窝壁上凿出很多斜凹槽。碓是木头石头做成的用脚踩踏的捣谷物器具，由碓窝、碓杵、碓架和碓柱组成。以前，家家户户都用碓舂谷物，现在普遍使用碾米机。

[bu¹³tɕhio³³] "碓杵"

碓的部件之一，与碓窝配合直接舂捣谷物。由一段长约15厘米、上面有斜凸棱的铁质空心圆柱头和一段木料构成。安装在碓柱的一头。有的碓杵是一块长条形的青石或一段粗木头。

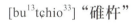

1-64◆弄麻

1-63◆弄麻

47

[tɕia⁵³tɕia⁵³tɕhio³³] **"碓架"**

碓的部件之一，为木质或石质的架子。左右各一个，一端埋入土中，一端立在地面上，构成支架，用于架设碓柱上的短横木。

[zɿ³¹luŋ³¹] **"菜园"**

种植日常食用蔬菜的园地。为便于采摘和管理，一般开辟在离家较近的山坡上。用篱笆或自然生长的荆棘、灌木等围挡，以防止鸡、鸭、猪、牛等动物进入园地破坏蔬菜。

1-66 ◆ 弄麻

1-67 ◆ 弄麻

[dʐuo³¹ho³⁵] **"石磨"**

　　将黄豆、大米等食材磨成糊状或粉状的用具。由磨杆、磨盘和磨架组成。两扇磨盘用青石凿成，其接触面凿有斜纹状的 [be¹³dʐuo³¹ho³⁵] "磨齿"。上磨盘上部凹陷部分为 [tɕhiuŋ³¹dʐuo³¹ho³⁵] "磨膛"，其上有一个直通磨齿的 [zau³¹dʐuo³¹ho³⁵] "磨眼"，用于放入食材，使之直入两个磨面。

[ka³¹kəu⁵³dʐuo³¹ho³⁵] **"磨杆"**

　　由直杆和横杆两部分组成的"丁"字形推磨工具。直杆长 1.2 米左右，利用自然生长成一端为直角弯钩的木材做成；横杆为长 1 米左右的横木。推磨时，一人双手握住并推动横杆，带动套在上扇磨盘把手上的直杆，使上扇磨盘转动起来。

[pli³¹jau⁵³da³⁵ʐɿ³¹] **"竹片篱笆"**

　　围挡在菜园周边，防止鸡、鸭和猪等动物进入园地的栅栏。用竹片编成。下端插入土里，上部绑扎在立柱上。也有用细木条编成的 [m̩³¹tai⁵³da³⁵ʐɿ³¹] "木条篱笆"和用木板钉成的 [pli³¹tai⁵³da³⁵ʐɿ³¹] "木板篱笆"等。

1-69 ◆ 弄麻

隆林仡佬语　壹·房屋建筑

1-71 ◆ 弄麻

[tshŋ³¹ki³¹bo¹³] **"砌护坡"**

用水泥砂浆在边坡铺砌石块。因房屋多在陡斜的山坡上挖山而建，屋前或屋后就形成了很高的土坡，为防止坡面垮塌，需要修筑起防护作用的建筑物。

[tshŋ³¹tsuaŋ³³] **"砌砖"**

用水泥砂浆把砖块砌成墙体。根据房屋设计，先确定一堵墙两端第一块砖的位置；再以此为基准，用 [m³¹tʂʅ³¹phin³⁵] "水平仪" 测平，拉起一条水平直线；沿着直线，泥瓦工用水泥砂浆把砖块砌成墙体并抹平砖块间的缝隙。

[ti³¹ka³¹m³¹tai⁵³] **"剥树皮"**

将杉木木材放置在 [tɕia³¹tɕia³¹n̥o³³] "马架架" 上，用镰刀刮除树皮。这样，木料容易干燥，不易开裂和生虫，也便于加工成建房材料。以前，剥取整块杉树皮，压平后用作墙体材料，现在多直接刮除。

1-70 ◆ 弄麻

1-72 ◆ 鱼塘

1-73 ◆ 弄麻

1-74 ◆ 弄麻

[tʂhe³³m³¹tai⁵³] "木车"

　　拉走泥土的运输工具，带木轮。

[pli³¹ku³¹i³¹] "刮泥板"

　　运泥土的工具。在一块木板后面钉上一个扶手，两端下角各钻一个洞，洞中各系上一根粗绳，再合二为一。使用时，用刮泥板铲上泥土，一人扶着扶手，另一人用肩膀背着绳索往前拖拽，把泥土运送到坡前或坎下。

[va⁵³pla³¹bin¹³li³¹] "大门挂红"

　　乔迁新居时，女主人的兄弟给大门挂上红布表示祝贺。亲朋好友也前来恭贺，送来粮食、家具、炊具和贺匾等礼品。主人家办酒席招待来客。

1-75 ◆ 弄麻

传统日常用具主要包括炊具、卧具、坐具和各种盆、桶、篓、柜等，大多用竹、木、石等材料制成。

三冲仡佬族勤劳朴实，多才多艺，很多人既是木匠、篾匠，又是泥水匠等。传统日常用具多是就地取材，因陋就简，自己加工而成。简单实用，能够满足高寒山区日常生活的需要。因为地处山区，盛产木材和竹子，所以绝大多数用具不是木制品就是竹制品。例如，烘鞋架用几块木板钉制而成；[ka³¹kəu⁵³lau³¹luŋ³¹mau³⁵]"猪菜钩"只是一根削去树皮的直角形弯木棍；[bɪ¹³ki⁵³]"隔栏"用竹篾编制，可以一次性煮两类猪食；[n̪a³³laŋ⁵³n̪iau³³]"储肉篓"和[n̪a³³the³¹taŋ³¹]"摘果篓"用竹篾编制，非常适合当地储存熏肉和摘取高大树木上的瓜果。石头和当地植物也可以拿来加工成各种用具。例如，磨锅石和[puŋ³⁵həu³⁵z̪o³¹tei³³laŋ³⁵]"磨芋石"是专门挑选出来的一块石片，水柜是采用五块石板拼接而成，石水缸则是用一整块青石凿成，草席用稻草编成，扫帚用高粱穗编成，水瓢和酒提用葫芦挖成。很多用具独具特色，虽然看似简陋，却很实用，充分体现了仡佬人民的智慧。

　　从器物名称上看，多用仡佬语的固有词，如 [bɿ³¹da¹³] "甑箅"、[na³³nəu³¹] "盐篓" 等；部分使用汉语借词，如 [ʂo³¹tsɿ³¹] "筲箕" 等；还有不少使用仡佬语固有语素和汉语方言语素构成的"合璧词"，如 [phiu³³lau³¹] "葫芦瓢"、[huo⁵⁵lu³¹li³¹] "大火炉" 等。后两类器物名称表现出该物品来自汉族地区或仿照汉族地区的做法，说明仡佬族与汉族长期接触，和谐共处，善于向汉族学习。

　　铁质器具如炊具、刀具等，陶质器具如酒坛、发酵坛等，也使用较多，多是购买来的。

　　随着工业化的到来，日常用具发生了较大的变化，由过去自制或在集市上购买转向通过大的流通渠道购买。越来越多的手工制作用具被批量生产的铁器、塑料制品取代。逐渐转变为以金属、塑料制品为主，竹木制品为辅。那些沿用多年的竹木器具和石质、陶质用具很多已慢慢消失。手工制品，正在日益减少。打制、编制传统日常用具费时费力，愿意学习这门手艺的人越来越少，技艺逐渐失传。很多传统日常用具正在逐渐远离人们的生活。

2-1 ◆ 弄麻

[puŋ³⁵ho³⁵ka³³] "磨锅石"

磨除锅中污垢的石头。这类石头经过精心挑选，大小为一只手能够把握，一面为弧形。

[m³¹san¹³tɕio³¹] "三脚架"

三只脚的铁架子。用钢筋焊接或生铁铸造。放置于火塘中，下面生火，上面放置菜锅、[bo³¹] "鼎罐" 或白铁锅等炊具。

[ka³³taŋ³¹luŋ³¹] "菜锅"

架在火塘中三脚架上，煮菜和蒸饭的炊具。两边带有锅耳，一般配木锅盖。

2-2 ◆ 弄麻

2-3 ◆ 弄麻

2-4 ◆ 弄麻

[tʂaŋ⁵⁵ka³³m³¹tai⁵³] **"木锅盖"**

　　盖在菜锅上的炊具。用整段木头削成，略小于菜锅。烧菜时，扣在菜锅的内沿上，保持锅内温度。

[bɪ¹³thi⁵³] **"端锅垫"**

　　端起滚烫铁锅的用具。将一只布鞋底从中间剪断，一分为二，再用麻线连接起来。使用时，分别垫在菜锅的双耳下面。

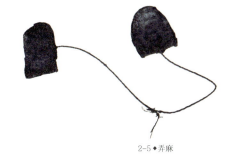

2-5 ◆ 弄麻

[bo³¹] **"鼎罐"**

　　又称 [bo³¹thi³³] "锑罐"。煮饭的炊具。用当地盛产的锑金属铸造而成。主体为钵形容器，两边有便于端起的手柄，上面的盖子带有提把。煮饭时，先放在三脚架上烧煮，待米汤吸干后，再放到火塘里的热灰和火炭上煨烤。现在，多使用高压锅、白铁锅和电饭煲。

[zɿ¹³ka³³] **"垫锅圈"**

　　用竹篾编制的直径为 25 厘米左右的圆圈形用具。放从三脚架上刚端下来的正煮着菜的锅，使锅平稳。

2-6 ◆ 弄麻

2-7 ◆ 弄麻

2-8 ◆ 弄麻

2-10 ◆ 弄麻

[tɕia³¹tɕia³¹tən³¹ka³³] "锅架"

　　放在厨房中，放置铁锅和锅盖等炊具的木架子。用木料制成方形或三角形并分为几层。

[huo⁵⁵lu³¹i³³tiaŋ³³] "小火炉"

　　用陶土烧制而成的炊具。炉体用陶土烧制，内壁装有耐火材料做成的炉瓦，上安提手，可移动。侧面有上下两个口，上口放柴火进炉膛，下口进风和出灰。炉膛和灰膛之间有炉箅子。用生铁铸成的叫[huo⁵⁵lu³¹tɕie⁵³tiaŋ³³]"小铁火炉"。

[huo⁵⁵lu³¹li³¹] "大火炉"

　　用大的铁油桶做成的炊具。上面架设大锅，用于煮菜，或把宰杀后的猪羊放入开水锅中烫一烫，以便刮除猪毛和羊毛。只在重大活动且人多时使用。

2-9 ◆ 弄麻

[tsu¹³tɕie⁵³m³¹tai⁵³] **"木锅铲"**

烧菜、舀汤的炊具。把一块硬木料抠挖成小碗状，再安上一个长长的硬木杆。既可当作锅铲用，也可当勺了用。

[m³¹tsu¹³tɕie⁵³] **"铁锅铲"**

炒菜时翻炒原料，煮饭时搅米饭的炊具。一种是大锅铲（见图2-12），在铁质锅铲上安装木质手柄；另一种是小锅铲，全用金属制成，主要用于在小锅里炒菜。

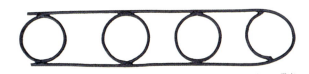

[kuo³³tɕhio³¹] **"锅桥"**

架在锅口上，可放置各种用具。图2-13为架在大锅上，放"筲箕"等便于沥水的用具。用天然树杈直接制成或在树杈中间加几个横档分成几格或用方木条做成梯子状。图2-14为架在菜锅上摆放菜碗的用具。寒冷时，人们习惯于围坐在火塘边就餐，把"锅桥"架在火塘里三脚架上的菜锅上并在铁圈上摆放菜碗。这样，就能够一边喝酒一边吃着热菜。

降林仡佬语 贰·日常用具

2-15 ◆弄麻

2-16 ◆弄麻

[ȵa³¹m³¹tai⁵³] "饭甑"

　　蒸米饭用的传统木质炊具。用杉木板做成一个上大下小的圆桶，桶外箍一道篾圈，桶内中下部安放"甑箅"。现在也使用 [ȵa³¹tɕie⁵³] "铝饭甑"，[tɕie⁵³] 是"金属"的意思。

[bɪ³¹da¹³] "甑箅" │ [bɪ¹³thi⁵³ȵa³¹] "饭甑布"

　　用篾编制而成，中间鼓起来的圆形箅子。蒸饭时，安放在"饭甑"的中下部，上面铺一块"饭甑布"。"饭甑布"为一块白色的厚棉布，可防止米粒漏到锅中。"铝饭甑"中使用的是带有很多圆孔的 [bɪ³¹da¹³tɕie⁵³] "铝甑箅"。

[ʂo³¹tsɹ³¹] "筲箕"

　　淘米、洗菜等的用具。用细篾条编制而成，浅底有口，筐子形，篾条之间的缝隙便于沥水。圆形无口的称为 [ʂo³¹tsɹ³¹liaȵ³¹] "小筲箕"。

2-20 ◆弄麻

[m³¹se³¹jau⁵³] "筲箕刷"

　　专用于刷洗"筲箕""甑箅"和铁锅等用具的刷子。把一端留有竹节、长25厘米左右的竹筒，从无竹节一端到大约三分之二处除去内部的黄篾，留下外层的青篾片并破成细篾条。

2-19 ◆弄麻

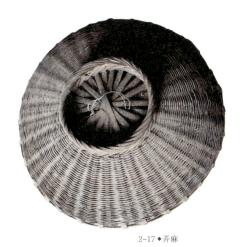

2-17 ◆ 弄麻

2-18 ◆ 弄麻

[tʂaŋ⁵⁵kaŋ³³n̩a³¹] "饭甑盖"

用篾条编制的传统木质"饭甑"的盖子。蒸饭时，盖在"饭甑"上口，以防蒸气大量散发。

[bɪ³¹da¹³ka³³li³¹] "大锅箅"

用篾条编制的圆锥形箅子。使用时，扣在大锅底部，上面盖一块白棉布，再放上食材，以免锅底食物被烧焦或浸入水中。主要用于蒸煮酿酒的原料等。

[phiu³³tɕia⁵³] "瓢架"

放水瓢等用具的架子。用竹篾编成一块竹簟，再用铁丝水平地挂在水柜或水缸附近的墙壁上。

2-21 ◆ 弄麻

61

2-22 ◆弄麻

2-23 ◆弄麻

[da³¹dəu³¹ha³¹pai³⁵] "吹火筒"

在没有明火点着柴火的情况下，吹燃火炭并使之烧着柴火的用具。一段长约70厘米的竹管，打通中间的竹节，留下最下面一节竹节并在上面钻一个小洞。还可用钢管或铝管做成，称为 [da³¹dəu³¹ha³¹pai³⁵tɕie⁵³] "铁吹火筒"。

[mo³¹tɕia³¹pai³⁵] "火钳"

烧火时，夹取柴火和木炭等的铁质用具。

[pu³¹ti³¹tɕhye³³] "两用锄"

既可用来清除火塘中的柴火灰，又可用来锄地或铲地的工具。锄柄和锄面可分开，根据需要组合成锄头或铲子。锄面后端有一个上大下小且贯通的限位槽，锄柄的一端可以直着插进限位槽中，当铲使用，如图2-24；锄柄的另一端做成与限位槽相似的形状，套进限位槽内，可当锄头使用，如图2-25。

2-24 ◆弄麻

2-25 ◆弄麻

2-28 ◆ 弄麻

2-29 ◆ 弄麻

[dʐu¹³m³¹tai⁵³] "木瓢"

　　用一块厚木板做成的瓢。将一整块厚木板的上部挖成大碗状，下部修成弧形，后端留有一个把手。多用于舀清水、潲水，也可以舀米糠、谷物等。

[phiu³³lau³¹] "葫芦瓢"

　　用老葫芦做成的瓢。将老葫芦阴干，对半锯开并掏空里面的籽和瓤。用于舀水、米糠、谷物等。现在多使用 [phiu³³tɕio³³] "塑料瓢"。

[sɿ¹³pu³¹ŋ³¹] "水桶"

　　挑水或提水的用具。用杉木板做成上大下小的圆柱形木桶，再用二至四道竹篾环或铁丝环箍紧。底深，容量大，上端有提梁。今已经弃用，普遍使用塑料桶。

[sɿ¹³pu³¹mai³¹sən³⁵] "潲水桶"

　　盛泔水喂猪的用具，直译为"喂牲口的桶"。相较于水桶底浅、容量小。今多使用塑料桶。

2-26 ◆ 弄麻

2-27 ◆ 弄麻

2-30 ◆ 弄麻

[phiu³³tɕie⁵³] "铁瓢"

带有长柄的铁质瓢。石磨磨东西时，可添加带水的食料到磨眼中去。

[thuŋ³⁵laŋ³¹di¹³] "碗柜"

置于厨房，存放餐具、调料和剩菜的柜子。一般分为三层：上层柜门安有窗纱，可以透气，主要放置剩菜；中层为开放式，放置做菜用的调料等；下层存放不常用的餐具。这类高档碗柜很少有人家使用，多数人家使用木板钉成的结构类似的橱柜。

2-33 ◆ 弄麻

2-31 ◆ 弄麻

[muo³¹lau¹³tɕie⁵³] "铁笊篱"

从热油或水中捞取食品的用具。前端用铁丝编成碗状，后端安有把手。主要用于熬猪油时捞取油渣，油炸东西时捞取热油中的食物，从水中捞取浸泡的食材。早期用竹篾编制的笊篱称为 [muo³¹lau¹³m³¹jau⁵³] "竹笊篱"。

[m³¹se³¹tshɿ⁵⁵pla³¹] "高粱刷"

用脱粒后的高粱穗或芭茅草穗做成的小扫帚。与"高粱穗扫帚"音同。主要用于扫除灶面、桌面的灰尘和垃圾，也用来刷洗铁锅。

2-32 ◆ 弄麻

2-34 ◆ 弄麻

2-35 ◆ 弄麻

[tɕia⁵³tɕia⁵³laŋ³¹m³¹dʑiu¹³] **"筷盒"**

放置日常使用的筷子、勺子等用具的木盒子。直译为"装筷子的架架"。用木板拼合而成，一般钉在厨房中靠近碗柜的墙壁上。

[ɳa³³m³¹dʑiu¹³] **"筷篓"**

放置日常使用的筷子、勺子等用具的篓子。用竹篾编制而成。

2-37 ◆ 弄麻

[ɳa³³laŋ³¹dʑiu¹³] **"炊具篓"**

放置水瓢、酒提和不常用的筷子等用具和餐具的篓子。用竹篾编制而成。

[faŋ³¹phai³⁵] **"饭板"**

盛饭的用具。图 2-37 为传统的簸箕形"饭板"，用长方体厚木板挖成，主要用于在"饭甑"中盛饭。图 2-38 为现在使用较多的铲形"饭板"，用长条形薄木板做成，主要用于在电饭锅、白铁锅中盛饭。

2-36 ◆ 弄麻

2-38 ◆ 弄麻

2-39 ◆弄麻

2-41 ◆弄麻

[daŋ³¹ku³¹jaŋ³¹kua³³] **"佛手刨"**

把食材刨成丝状或擦成泥状的用具。用木板、铁皮、铁条做成。直译为"刨洋瓜的东西"。

[bɪ¹³tuŋ⁵³] **"砧板"**

切菜或剁猪菜的用具。用一截大圆木或一块厚木板做成，安有提手。

[mo³¹ɕy³¹taŋ³¹] **"果皮刨"**

刨果皮的用具。由一块上端带有刀刃的长方形铁片、一根横铁条和一根半圆形铁条构成。在刀刃和横铁条之间留有一条窄缝。后部带有一个把手。

[tɕia⁵³tɕia⁵³va⁵³bu³¹tau⁵³] **"菜刀架"**

放置刀具的木架子。在一块长木板的两头各钉上一个小木块，小木块那面朝向墙体钉到墙壁上，长木板和墙壁之间形成一条窄缝，便于插放刀具。

2-40 ◆弄麻

2-42 ◆弄麻

2-43 ◆弄麻

[ka³¹kəu⁵³n̦iau³³] "肉钩"

钩取和翻动大锅中正在煮的肉块的木钩子。用一根带有双叉的树枝或灌木做成。

2-44 ◆弄麻

[huo³³ləu⁵³] "铁叉"

叉取肉块的铁质工具。用于叉取腊肉，放到火上烤。

[puŋ³⁵həu³⁵z̦o³¹tei³³laŋ³⁵] "磨芋石"

扁平而表面粗糙的大石块，用于研磨魔芋块茎。使用时，把"磨芋石"放在大锅口上的"锅桥"上，在上面研磨魔芋块茎，使块茎变成糊状，流入大锅中。

[n̦a³³n̦əu³¹] "盐篓"

盛放食盐的竹篓。在竹篓上穿一缕篾条或一根铁丝，挂在厨房的墙壁上。

2-45 ◆弄麻

2-46 ◆弄麻

2-47◆弄麻

[m³¹tai⁵³tha⁵³ŋau⁵³] **"木床"**

最常见的传统木质卧具。现在，年轻人多使用在市场上购买的 [tɕie⁵³tha⁵³ŋau⁵³] "铁架床"。

[bi¹³pho³⁵sɿ⁵³m³¹jau⁵³] **"竹席"**

机器编制的竹篾卧具。在仡佬族村寨，即使是夏季，夜晚也很凉爽，多数人家使用棉被和床单，很少使用凉席。几乎没有蚊子，除了新婚的年轻人，一般也不使用蚊帐。

2-50◆保田

2-48 ◆ 弄麻

[bi¹³pho³⁵sɿ⁵³] "草席"

　　用稻草和麻绳或棕绳编制的常用垫床卧具。与床体同宽，但是比床体要长，在床头卷起多出来的部分做枕头。使用草席的床铺不再使用枕头。

2-49 ◆ 弄麻

2-51◆弄麻

[pu¹³faŋ⁵³da³¹dʐuo¹³] "方桌"

　　放置在厨房或堂屋中，平常喝酒、吃饭用的传统木质小方桌。

[da³¹dʐuo¹³zai¹³] "长桌"

　　桌面为一块厚木板的大桌子。放置在堂屋中，很多人喝酒、吃饭时，纵向摆放；过年杀猪时，横向摆放。仅有少数人家使用这种大桌子。

2-52◆弄麻

中国语言文化典藏

[da³¹dʐuo¹³ha³⁵muŋ⁵³] **"饭桌"**

用木板做成的吃饭用的正方形桌子。图 2-53 的饭桌中间为八角形的盖板，盖板下面是一个空洞，里面可以放入一个小火炉，架上一个菜锅，就可以吃火锅。仅有少数人家使用这种桌子。

[da³¹dʐuo¹³luo³³laŋ⁵³] **"圆桌"**

由支架支撑起桌面的圆形桌子。由木料做成，上面为一个圆形的桌面，下面为可以合起来的四条腿的支架。还有一种可以从中间折叠起来的圆形桌子，称为 [da³¹dʐuo¹³luo³³laŋ⁵³jau³³] "折叠圆桌"。

隆林仡佬语 · 贰 · 日常用具

2-55 ◆弄麻

[da³¹dʐuo¹³jau⁵³] **"竹凳"**

　　最常用的传统小方凳。用方木料做成高约 30 厘米的框架，上部用黄金竹一种竹子篾片编制成竹簟凳面。现在，凳面多改用塑料编织带编制，称为 [da³¹dʐuo¹³tɕi⁵³] "编的凳子"。

2-56 ◆弄麻

[da³¹dʐuo¹³li⁵⁵m³¹jau⁵³] **"竹靠椅"**

　　结构和功能与竹凳类似，只是多一个靠背。

2-57 ◆弄麻

[da³¹dʐuo¹³m³¹tai⁵³] **"木凳"**

　　仅能供一人坐的矮小木凳。凳面为一块方形木板，下面安装四条腿。

[da³¹dʐuo¹³tu⁵³zai¹³] **"长凳"**

　　1 米左右长的长条形木质矮凳子，可坐三四个人。

2-58 ◆弄麻

中国语言文化典藏

2-59◆弄麻

[m³¹se³¹tɕia³³pɪ³⁵] "草扫帚"

用芭茅草穗子编扎而成的扫地用具。此外，还有用棕树叶和棕皮纤维编扎而成的 [m³¹se³¹bɪ¹³sʅ³⁵] "棕扫帚"，用脱粒后的黍子穗编扎而成的 [m³¹se³¹tshʅ⁵⁵su³¹du³¹lu³¹] "黍子穗扫帚" 和用脱粒后的高粱穗编扎而成的 [m³¹se³¹tshʅ⁵⁵pla³¹] "高粱穗扫帚"。

[m³¹se³¹jau⁵³su³¹du³¹lu³¹] "竹扫帚"

把一些竹枝捆扎在一起做成的扫帚。主要用于打扫牲畜圈栏和门前的空地。直译为 "扫地的竹扫帚"。

[m³¹tai⁵³suo⁵³zei¹³] "晒衣杆"

室外晾晒衣服的长木杆。竹竿做的称为 [m³¹jau⁵³suo⁵³zei¹³] "晒衣竿"。

2-60◆弄麻

2-61◆弄麻

[m³¹tai⁵³va⁵³zei¹³] **"挂衣杆"**

　　室内挂衣服的木杆。一般家庭不使用衣柜，衣服多挂在挂衣杆上或堆放在房间里。还有一种用细钢管做成的落地衣架，既可以用于室内挂衣服，也可以移到室外晾晒衣服，称为[muo³¹tçie⁵³va⁵³zei¹³] **"挂衣铁架"**。

[muo³¹m³¹tai⁵³va⁵³zei¹³] **"木衣架"**

　　用一根直角状的树枝做成"丁"字形的晾晒衣服的木架子。

2-64 ◆弄麻

2-65 ◆弄麻

[tən³¹tɕie³³] "油灯"

以煤油做燃料，用于家庭照明的灯盏，由灯身、灯头、灯芯三部分组成。灯芯用棉线或黄表纸做成，穿进灯头上的细管中，煤油顺着灯芯吸到最上头。用针挑拨灯芯，可以调节亮度。没通电之前，用于照明；现在用茶油做燃料，仅在丧葬祭祀时使用。

[tən³¹tɕie³³bei¹³tʂaŋ³⁵] "罩子灯"

可防风的煤油灯，由玻璃灯罩、灯头、灯身三部分构成。灯头用铁片制成，内有一根铁管，可插进灯芯；灯身、灯罩用玻璃做成。照明效果比油灯好。图2-65中的"罩子灯"没有灯罩。

[hei³⁵tən³¹tɕie³³] "汽油灯"

用煤油做燃料，以打气助燃的方式来照明的灯具。上部为灯头，其上装有石棉网纱罩；下部为灯座，内装煤油，其上有打气的旋钮。压进空气，煤油从一组小孔中喷出并形成雾状，与空气均匀混合后燃烧，使纱罩发出光亮。现已弃用。图2-66中的灯具仅留有灯座和灯头。

[hei³⁵ko⁵³tən³¹tɕie³³] "沼气灯"

用沼气做燃料的灯具。由玻璃灯罩、弹片、纱罩、灯头、灯体、螺母、引射管、喷嘴接头和吊钩构成。现已弃用。

2-66 ◆弄麻

2-67 ◆弄麻

2-68◆弄麻

2-69◆弄麻

[tha³¹tən³¹tən³¹tɕie³³] "灯台"

室内墙壁上用于放置油灯的平台。

[tɕia⁵³tɕia⁵³zɿ¹³thi⁵³] "烘鞋架"

烤干鞋子的用具。用几块木板钉成一个木盒的形状，其中朝向火塘的一面仅有一根窄木板。鞋子架在烘鞋架中，放在火塘边，便于烤干。

[baŋ³¹i³¹piau³³] "发酵坛"

让酿酒原料发酵的坛子，口小肚大，上面有盖。酿酒时，先煮熟原料，放入大盆里摊开，凉凉之后，拌上 [la³⁵pən⁵³] "酒药"，再装入发酵坛中。等到坛中散发出酒香，原料表面出现很多气泡时，就已经成为酒醅，可以烤酒了。现在多已弃用。

[sɿ¹³pu³¹laŋ³¹i³¹piau³³] "发酵桶"

让酿酒原料发酵的塑料桶。将酿酒的原料均匀地拌上适量的"酒药"，再装入塑料桶中进行发酵。因为塑料桶使用方便，不易破碎，逐渐代替了发酵坛。

2-72◆弄麻

2-73◆弄麻

2-70 ◆ 弄麻

2-71 ◆ 弄麻

[phən³³pai³⁵] "火盆"

用废旧的铁盆制成的盛炭火的用具。只在火塘边围坐不下时才偶尔使用。

[baŋ³¹piau³⁵] "酒坛"

盛装白酒的坛子。口小肚大，上面有盖，装入白酒后再用盖子密封存放。现已弃用，多用塑料酒桶。

[baŋ³¹luŋ³¹su³³] "辣菜坛"

专用于制作 [luŋ³¹pla³¹] "酸菜" 或 [luŋ³¹su³³] "辣菜" 当地汉语方言称为"冲菜"，因为这种菜腌制后开坛时会散发出一种刺鼻且辣眼睛的气味的坛子。口小肚大，坛口上反扣一个瓦钵状的盖子。上部有一条水槽，把水装入水槽里，淹到盖子的下沿之上，就可以很好地隔绝空气，使"酸菜"或"辣菜"不会腐烂。

[baŋ³¹ȵiau³³a³³ɕiu⁵³] "辣椒肉坛"

腌制切碎的辣椒、捣碎的猪骨头和猪肉的陶器。现在多被塑料桶代替，称为 [ʂɻ¹³pu³¹laŋ³¹ȵiau³³a³³ɕiu⁵³] "辣椒肉桶"。

2-74 ◆ 保田

2-75 ◆ 弄麻

2-76 ◆弄麻

2-77 ◆弄麻

[baŋ³¹ne³¹mau³⁵] **"猪油坛"**

存放炼制过的猪油的坛子。

[miau³¹ne³¹mau³⁵] **"猪油罐"**

储存炼制过的猪油的陶罐子。上部有四个提襻，穿上绳索后，用于提起罐子。图2-77中，仅在两个提襻上拴电线充当提手。

[pu³¹ʂʅ¹³to⁵³] **"水柜"**

早期储水的石板柜子。把四块竖起的石板和一块底面石板相互扣牢，再用石灰或水泥等封住缝隙。

2-79 ◆弄麻

中国语言文化典藏

2-78 ◆ 弄麻

2-80 ◆ 弄麻

[miau³¹taŋ³¹la³⁵] "药罐"

　　熬制中药用的小陶罐子。

[ʂʅ¹³pu³¹to⁵³puŋ³⁵tsei³⁵] "石水缸"

　　早期使用的储水用具。用整块大青石挖凿而成。现已弃用。直译为"石头挖的水柜"，[puŋ³⁵] 为"石头"，[tsei³⁵] 为"挖、凿"。

[ʂʅ¹³pu³¹to⁵³li³¹] "大水柜"

　　建在厨房一角的储水用具。用砖头、石块和水泥砌成，代替了水柜，因比水柜大些，所以称为"大水柜"。

2-81 ◆ 弄麻

2-82 ◆弄麻

2-83 ◆弄麻

[baŋ³¹ŋ³¹suɪ³³li³¹] **"水泥缸"**

用水泥和细沙铸成的储水的缸形容器。

[ɕiaŋ³¹ɕiaŋ³¹] **"箱子"**

装衣物等的木箱子。

[ji³¹kuɪ¹³] **"衣柜"**

装衣物等的竖立的柜子。前面有柜门，下部安有两个抽屉。

2-84 ◆弄麻

[thuŋ³⁵] **"柜子"**

装衣物等的柜子。从前面向后方翻起盖板，可以打开柜盖，柜盖与柜体之间用合页连接。

2-85 ◆弄麻

中国语言文化典藏

[ta³¹zʅuŋ³⁵] "囤箩"

用于囤放稻谷和玉米等粮食的用具。用竹篾编制而成。上口有盖，以防老鼠进入。有大有小，大的上口直径有1米左右，可装300—400公斤粮食。以前，是家家户户不可缺少的储粮用具，现多已弃用，改用 [dzʅ³¹muŋ⁵³tɕie⁵³] "铁粮桶"。

[dzʅ³¹] "粮柜"

储存粮食的方形木柜子。正面右侧上部有一个活动的 [bin¹³dzʅ³¹] "仓门"。"仓门"两边有木槽，可以插入几块活动的 [pli³¹tai⁵³bin¹³dzʅ³¹] "仓门板"。右侧有一个可以开合的小口，粮食可以从小口中流出来。

2-88 ◆ 弄麻

[dzʅ³¹muŋ⁵³tɕie⁵³] **"铁粮桶"**

　　用于囤放粮食的金属桶。用铝皮或铁皮制成。可以根据存放粮食的多少，一节一节地添加或减少。最下面一节安有带开关的小口，存放的粮食可以从小口中放出来。代替了以前使用的"囤箩"。

[thi³⁵le³¹] **"提篮"**

　　装针头线脑的篮子。用竹篾编制而成，上有提梁。

[thi³⁵le³¹tɕio³³] **"胶提篮"**

　　用塑料编制而成并带有提手的篮子。

2-89 ◆ 弄麻

2-90 ◆ 弄麻

2-91 ◆ 弄麻

2-93 ◆ 弄麻

[m³¹pzi³¹kai³⁵] "截刀"

　　打猪菜和摘稻穗等的工具。由一块半圆形木块和一个有刃口的钢片构成。使用时，用细绳套着右手的食指和中指，用无名指和小指贴着"截刀"，放于手心，大拇指压住猪菜或稻穗，转动手腕，便可把猪菜或稻穗切断。

[ka³¹kəu⁵³lau³¹luŋ³¹mau³⁵] "猪菜钩"

　　搅动大锅里猪菜的木钩子。用一端带有直角状弯钩的木料做成。

[daŋ³¹ka⁵³luŋ³¹mau³⁵] "打猪菜机"

　　切碎猪菜的机器。上端有口，后背板里面装着盘形刀片，下面安装一台电动机。电动机上的皮带带动转轴，使盘形刀片旋转起来，把从上口中放进去的猪菜打碎。

2-92 ◆ 弄麻

2-94◆弄麻

[bɪ¹³ki⁵³] **"隔栏"**

一次性煮熟两种猪菜的用具，用竹篾编制。煮猪菜时，放在大锅中间，一边放大猪猪食，另一边放小猪猪食。仡佬族人有丰富的养猪经验，养猪业在当地已有悠久的历史，在生产和生活中处于十分重要的地位。

[phən³³puŋ³⁵mai³¹mau³⁵] **"石猪槽"**

喂猪的长条形石槽。用整块青石凿成。放在猪圈中，难以挪动。直译为"喂猪石盆"，仡佬语将此类用具统称为"盆"。用水泥浇筑而成的喂猪用具被称为[phən³³sui³³li³¹mai³¹mau³⁵] **"水泥猪槽"**。

[tɕiuŋ³³puŋ³⁵mai³¹ɲai³¹] **"石牛槽"**

喂牛、羊等的长条形石槽。用整块青石凿成，体形较大，放在牛、羊栏外，难以挪动。

2-95◆弄麻

2-96◆弄麻

2-97 ◆弄麻

2-98 ◆弄麻

[phən³³m³¹tai⁵³mai³¹mau³⁵] **"木猪槽"**

喂养小猪的长方形木槽。放在猪圈外，可挪动。用一段厚木头挖凿而成。有些木槽在其一端或侧面留有一个把手。直译为"喂猪木盆"。

[phən³³m³¹tai⁵³mai³¹ŋ³⁵] **"木狗槽"**

喂狗的较小的长方形木槽。用一块厚木头挖凿而成，一端带有把手。更小一点的，用于喂猫，称为 [li³¹phən³³tai⁵³mai³¹pai³³miu³¹] "木猫槽"，直译为"喂猫小木盆"。

[ɳa³³mai³¹li³¹kai³³] **"狗气杀"**

喂家禽的器具，直译为"喂小鸡的篓子"。下部是一个有底的盆状容器，上部是一个盖在盆状容器上，四周和顶部带有疏隔栏的罩子。鸡、鸭从隔栏的缝隙中把头伸进去吃食；猫、狗等无法到盆里去吃食。

2-101 ◆弄麻

[phən³³m³¹jau⁵³mai³¹mei³⁵] **"竹羊槽"**

固定在围栏上喂羊的竹槽。一段粗竹子，削去三分之一，除去中间竹节，保留两端竹节。用一段长木头挖成的长条形木槽，称为 [phən³³m³¹tai⁵³mai³¹mei³⁵] "木羊槽"，其侧面或一端带有把手，比"木猪槽"更大、更长。

[m³¹tɕia⁵³mai³¹ɳo³³] **"马槽"**

喂养马、骡子或毛驴的木槽。用四根木料做支架，上部用木板钉成一个大木盒。

2-100 ◆鱼塘

2-99 ◆大水井

2-102 ◆弄麻

[n̠a³³laŋ⁵³n̠iau³³] "储肉篓"

圆筒状储存肉的用具。竹篾编制，高约90厘米，直径约50厘米。边沿对称着留有很多方形小洞，可插入短木棍。储存肉类时，把肉挂在短木棍上，上面加盖子。可防止老鼠和猫偷吃，也可以隔绝灰尘。

2-104 ◆弄麻

[n̠a³³the³¹taŋ³¹] "摘果篓"

　　采摘高处瓜果的用具。摘瓜果时，用竹篓套住瓜果，上下移动或左右扭动竹竿，瓜果就落在篓里了。

2-105◆弄麻

2-109◆弄麻

[ka³¹kəu⁵³va⁵³suŋ³¹sʅ³¹] "木挂钩"

挂东西的木钩子。弯钩的一端挂在房屋的木架上,另一端挂背篓、绳索等物件。

[ta³¹ȵiuŋ³⁵tɕie⁵³] "铁楔"

破开粗木柴的铁质工具。使用时,用斧头在木柴一端砍出一个"丫"口,再把铁楔尖端塞进"丫"口中;用斧头背敲打铁楔上端,使铁楔尖端挤进并使木柴胀裂。

[ȵa³³mau³⁵] "猪篓"

卖猪或送礼时装猪的圆柱形竹篓,一端有口。根据猪的大小临时编制,用过即弃。使用时,把猪从开口处塞进去,再用竹篾或绳子绑住开口;从篾条的空隙间插入一根杠子,两人抬起来便可运走。也有编得小一些的,能装几只鸡鸭,出门探亲或买卖鸡鸭时使用。

2-106◆弄麻

[n̦a³³kai³⁵] **"鸡篓"**

　　买卖或送礼时使用的装鸡鸭的篓子。竹篾编制，上部有圆口并带有可以开合的盖子。大的鸡篓可以装十几只成鸡。从篾条的空隙间插入一根杠子，两人便可抬走。

[n̦a³³kaŋ³³kai³⁵] **"鸡罩"**

　　临时关鸡鸭的用具。直译为"关鸡的篓子"。用宽竹篾编制，上部留有小口，便于放入或取出鸡鸭。下部无底，形似一个罩子。主要是罩住小鸡和小鸭，以防走丢或被其他动物伤害。临时关大的鸡鸭时，要在小口上加盖一块厚木板，以防鸡鸭飞出来。

隆林仡佬语　贰·日常用具

目前，仡佬族多数人的日常着装已与汉族无异，但老年男性和女性的服饰仍有民族特色。老年男性喜欢穿深蓝或青黑色的唐装上衣，浅蓝色的裤腰和裤脚肥大的裤子，头上缠裹青黑色土布头帕，脚上穿黑色的布鞋或解放鞋。老年女性喜欢穿蓝色且带有黑边的大襟衣，黑色的裤腰和裤脚肥大的裤子，头上缠裹青黑色土布头帕或头巾，脚上穿绣花鞋或翘头布鞋，有时，腰间系一条青黑色腰带。中年女性也有穿大襟衣的，但颜色较为鲜艳，裤子与汉族无别，脚上穿颜色较为鲜艳的绣花鞋。青年女性和小女孩的大襟衣颜色鲜艳，花色也较多样，长裤和鞋子与汉族无别。以前，妇女们喜欢系呈"凸"字形的围腰，现在已不多见。围腰做工非常讲究，一般以手工缝制为主。用黑布或蓝布做底，齿状花边修饰，花边的颜色多为红、黄、绿等，上部用彩色丝线绣各种花草纹样。围腰上钉有很多银牌，用银链套在脖子上，挂在胸前，将上面的浅色长带打成蝴蝶结系在身后，并垂下一尺来长且绣有美丽图案和留有缨穗的带子。整个围腰鲜艳夺目、美观大方。少数老年妇女系的围腰没有银牌，用土布做成纽扣。围腰既是生活中不可缺少的穿戴用品，也能体现妇女们的心灵手巧。因此，仡佬族姑娘出嫁前所准备的嫁妆中，最费工夫的就是围腰。

孩子出生后，外婆要送花背带给女儿家。花背带保暖、实用，做工也非常复杂，用土布手工缝制，讲究花色的搭配。

随着时代的发展，仡佬族的着装也发生了很大的变化，很多传统服装被各式流行服装代替。但在传统婚礼中，多数人仍沿袭旧俗，特意向七八十岁的老人借传统唐装，这种唐装被称为老人寿服。结婚时，穿老人寿服，打扮成老头老太太模样拜堂，寄托着婚后长寿幸福的美好愿望。

3-1 ◆弄麻

[zei⁵⁵] "上衣"

上身所穿衣服的统称。

[zei³¹tʂa⁵⁵dʐo³³] "老年女上衣"

老年女性穿的上衣，[tʂa⁵⁵dʐo³³]统称"七八十岁的老太太"。衣领较短，右边开襟，衣服较长，衣袖较短。大襟在外，小襟在里并缝有口袋。衣领口和右肩锁骨处的纽扣非常讲究。以前是并排两颗银质纽扣；现在是布纽扣，有的布纽扣上镶有珍珠样的装饰品。

3-4 ◆弄麻

[zei³¹pe³⁵] "男上衣"

老年男性穿的土布上衣,当地汉语方言称为"唐装",直译为"缝的上衣"。颜色单一,主要是深蓝色或青黑色;衣领较短,前胸对襟,纽扣用布条做成,由 [daŋ³¹ɬəu³⁵] "扣公"和 [zau³¹ɬəu³⁵] "扣母"两部分构成。数量为单数,一般是 7 颗或 9 颗。

隆林仡佬语

叁·服饰

3-5◆弄麻

[zei^{31}ȵiuŋ^{35}]“中年女上衣”

中年妇女穿的上衣。直译为“花样上衣”。布料鲜艳并带有花草等图案，袖口、衣领和大襟边沿镶有几道花边。[zei^{31}mei^{33}ɬau^{35}]“青年女上衣”和[zei^{31}li^{31}mei^{33}]“小女孩上衣”样式相同，但所用布料的颜色更加鲜艳，花纹及花边更加丰富多彩，符合青年女性和小女孩的审美需求。

[dzʅ^{31}khəu^{35}pe^{35}]“男裤”

老年男性穿的浅蓝色土布裤子。直译为“缝的裤子”。

3-6◆弄麻

[bi^{31}mei^{31}laŋ^{33}pu^{31}dzo̜^{33}]“男式头帕”

老年男性裹扎在头部的深蓝色或青黑色土布帕子。直译为“老年男人裹的帕子”，[pu^{31}dzo̜^{33}]意为“老头子”。长约3.5米，宽约30厘米。在头部缠绕几圈，最后把帕子的两端塞进去。

3-7◆弄麻

[bi³¹mei³¹laŋ³³muo³¹dʒo³³] **"女式头帕"**

老年女性裹扎在头部的深蓝色或青黑色土布帕子。直译为"老年女人裹的帕子"，[muo³¹dʒo³³] 意为"老太太"。比"男式头帕"短，一般长为3米左右、宽为30厘米左右，一端带有缨穗，另一端镶有粉红色花边。在头部缠绕几圈后扎在头顶后面并留出缨穗和花边。

[bi³¹mei³¹pu¹³sa³⁵] **"男子头巾"**

中年男子劳作时裹扎在头部的毛巾。直译为"男子的帕子"，[pu¹³sa³⁵] 意为"男人"，主要指中青年男性。既可以防晒，也可以解下来擦汗。

[bi³¹mei³¹da¹³sa³⁵] **"女子头巾"**

中年女性裹扎在头部的带有缨穗的方形头巾。直译为"女子的帕子"，[da¹³sa³⁵] 意为"女人"，主要指中青年女性。把方形头巾沿对角线叠成三角形，斜边置于额前，披盖在头上，在头后扎起来。

[bi³¹mei³¹laŋ³³lau⁵³] **"腰帕"**

老年女性扎在腰间的深蓝色或青黑色土布带子。直译为"裹腰的帕子"。一般长约1.5米、宽约30厘米。从腹前围到腰后并扎结起来。

隆林仡佬语　叁·服饰

[vei³¹jau³³] **"围腰"**

系在胸前的一块"凸"字形装饰性女性服饰。以前，围腰上面钉有很多银牌，用银链套在脖子上，挂在胸前，用浅色长带打成蝴蝶结系在身后。

3-12 ◆弄麻

[kəu³³ŋ̍⁵³ʂ̩³¹ke³⁵] **"花背带"**

背小孩的用具，由 [ʂ̩³¹ke³⁵kəu³³ŋ̍⁵³] "背带心"、[m³¹ʂau³⁵ʂ̩³¹ke³⁵] "背带柱"、[dzie³¹ʂ̩³¹ke³⁵] "背带手"、[ŋe³¹ʂ̩³¹ke³⁵] "背带领"、[ko³¹ko³³ʂ̩³¹ke³⁵] "背带尾巴"五部分构成。是外婆送给女儿的礼物。做工讲究，用土布手工缝制。"背带心"的做工最为复杂，讲究花色的搭配。"背带手"的长度一般在两米至三米之间。背小孩时，用"背带心"和"背带柱"兜住小孩，两条"背带手"分别压在背负者的双肩上并从腋下穿出，在小孩臀部交叉后从小孩大腿下面穿出。背负者把左边和右边的带子拢到胸前，系在一起。

3-14 ◆弄麻

3-13 ◆弄麻

[mau¹³pu¹³sa³⁵] "男帽"

　　用布做成的中老年男性戴的帽子。

[mau¹³ŋe³⁵] "银帽"

　　儿童戴的帽子，当地汉语称为"棉花帽"。帽顶是圆形绣花硬顶，四周用两层布包着棉胎，帽圈钉有一圈白色扣子或银质老人像。

[mau¹³da¹³sa³⁵] "女帽"

　　用毛线织成的中老年女性戴的帽子。

隆林仫佬语

叁·服饰

99

[tshau⁵³mau¹³] "草帽"

用麦秸秆编制的做农活时遮阳的帽子。

3-18◆弄麻

[bu³¹so³⁵] "蓑衣"

披在背上,遮挡雨水的用具。用棕榈树的棕皮纤维编制而成。下雨天,头戴斗笠,身披蓑衣,现在已被雨衣替代。

3-21◆弄麻

3-19 ◆ 弄麻

3-20 ◆ 弄麻

[mau¹³baŋ⁵³] "斗笠"

遮阳、挡雨的尖顶帽子。竹篾编制。分上下两层，上层为席状，下层为骨架。骨架上安有帽圈，帽圈边上系有细绳，可以把斗笠固定在头上。

[pau⁵³wa⁵³] "挎包"

女子挎在肩膀一侧的包。用蛇皮塑料袋做成。也可以用蛇皮塑料袋做成男子用的系在腰间装小件工具或物品的 [pau⁵³naŋ³⁵lau⁵³] "腰包"。还有用白土布做成的男子用的斜挎在肩膀上的 [pau⁵³pu⁵³] "背包"。

3-22 ◆ 弄麻

3-23◆弄麻

3-24◆弄麻

[thi⁵³həu³⁵bu¹³sa³⁵] **"男式布鞋"**

中老年男性穿的纯手工制作的千层底布鞋。[ŋe³¹thi⁵³] "鞋口" 前端为半圆形；[thi⁵³zei¹³] "鞋帮" 外层是黑色绒布，里层为花棉布；[thi¹³thi⁵³] "鞋底" 是手工纳制的千层底；鞋襻搭在脚背上扣在鞋帮外侧。单用黑布做鞋帮的鞋子又称为 [thi⁵³həu³⁵łaŋ³³] "素布鞋"。

[thi⁵³həu³⁵kəu³³ŋ̍⁵³] **"花布鞋"**

中老年妇女穿的绣花布鞋。鞋帮外层是黑布，里层为棉布，前部有绣花；鞋底为手工纳制的千层底；一般无鞋襻。

[thi⁵³həu³⁵kei⁵³tɕhio⁵³] **"翘头布鞋"**

老年妇女穿的翘头、绣花的尖头布鞋。鞋口一周镶有粉红色的边，前端为尖口。鞋底为手工纳制的千层底，稍薄。鞋底和鞋帮用明线缝合，缝合过程中，将鞋尖往鞋面扳起，使之上翘。

[pli³¹thən³⁵thi⁵³] **"鞋垫"**

用多层布手工缝制的放入鞋内的垫子。有 [daŋ³¹s̩³¹to³⁵thi³⁵thi⁵³] "绣字鞋垫" 和 [kəu³³ŋ̍⁵³thi³⁵thi⁵³] "绣花鞋垫" 两种。

3-25◆弄麻

3-26◆弄麻

中 国 语 言 文 化 典 藏

3-27 ◆ 弄麻

[mi³³fu³⁵] "手镯"

戴在女人手腕上的装饰品。主要有 [ŋe³³mi³³fu³⁵] "银手镯" 和 [ɬau¹³mi³³fu³⁵] "铜手镯" 两种。

[ka³¹thiuŋ¹³] "耳环"

戴在女人耳朵上的装饰品。一般都是银制品。

3-28 ◆ 弄麻

肆·饮食

　　仡佬族传统主食是玉米干饭，把玉米粉放在蒸笼里蒸熟而成。现在，主粮以稻米为主，兼用玉米。一般用 [na³¹m³¹tai⁵³] "饭甑" 蒸米饭，人少时，也可用高压锅或电饭锅。把稻米和玉米粉放在一起蒸熟的饭，称为 [pa³¹muŋ⁵³laŋ³⁵muŋ⁵³i³³] "二米饭"，又称"混合饭""金银饭"。节日里或有远客临门时一定会吃"二米饭"。农忙时，一日三餐；农闲时，多是两餐。糍粑是祭祀祖宗、神灵的供品，也是待客和节日常吃的食品。

　　肉食以猪肉为主，鸡肉、羊肉、牛肉次之。熏肉是常见的肉食，每家每户一年四季火塘上方都悬挂着熏肉。过年时，每家都要杀年猪，大多做成熏肉；亲戚家有重大活动时，有的会送上一头猪，对方将一部分猪肉作为回礼。家家户户都养很多鸡，用于自家食用、送礼或卖钱。邻家或亲戚家婚丧嫁娶、建房、做寿、添孩子等，都会送一只鸡作为礼物。人们喜欢吃鸡肉，有"无鸡不成宴"之说。如果家中有客人到来，最好的款待方式是煮鸡肉和煮熏肉。豆制品也是仡佬族餐桌上不可或缺的菜肴。人们还

喜爱吃 [luŋ³¹suo³¹o³¹] "淡菜" 和 [luŋ³¹pla³¹] "酸菜"，有 "三天不吃酸，两脚打转转" 之说。家家户户煮菜较多，炒菜极少。炒菜主要使用猪油和茶籽油，极少使用菜籽油。辣椒是每餐必备的菜肴，有多种吃法，最受欢迎的要算猪骨头、猪肉与辣椒粉腌制而成的 [da³¹daŋ³¹a³³ɕiu⁵³] "辣椒骨"、[ȵiau³³a³³ɕiu⁵³] "辣椒肉"。

成年男女都有喝酒的习惯，酒是每餐的必备品。过去，以玉米、高粱、小米或大麦等为原料，发酵后放在坛中密封，食用时拿一根竹管含在嘴里吸，称为 "咂酒"。后来，主要喝白酒和甜酒。白酒也称 "火酒"，用芭蕉芋、玉米或高粱酿制，味道浓烈。甜酒俗称 "醪糟酒"，用糯米、高粱、玉米或小米酿制，多用于煮汤圆、年糕或鸡蛋等，也可用烤白酒时的尾酒泡制而成。当地人几乎没有喝茶或喝白开水的习惯，平时或做农活时以酒当茶水饮用。

4-1 ◆弄麻

[muŋ⁵³tɕhi³⁵lei³³] **"糯玉米饭"**

用 [taŋ³¹tɕhi³⁵lei³³]"糯玉米粉"蒸制而成的主食。给糯玉米粉洒上水,使之湿润并搅拌均匀;倒入"饭甑"里;蒸到八成熟时,倒出,摊开;待到常温时,再洒上水,搅拌均匀,倒入"饭甑"再蒸大约半小时,熟透即可食用。

[pa³¹muŋ⁵³laŋ³⁵muŋ⁵³i³³] **"二米饭"**

用大米和玉米粉混合后蒸出来的主食。一种做法是把大米煮至八成熟,起锅,沥水;把玉米粉也蒸至八成熟,倒出,洒水并搅拌均匀;再将二者混合或分上下两层放入"饭甑"里蒸熟。另一种做法是把大米煮至八成熟,起锅,沥水;再与干的玉米粉搅拌均匀,同时洒适量的水;放入"饭甑"里,蒸熟即可食用。

4-2 ◆弄麻

4-3 ◆弄麻

[muŋ⁵³suŋ³³] **"稀饭"**

把大米淘洗干净,倒入白铁锅或高压锅中,加适量水后,放到三脚架上,用微火熬制而成。

4-4 ◆弄麻

[m³¹pzi³¹kau³⁵] "粽子"

　　用粽叶包裹糯米制成的特色食品。把糯米淘洗干净，沥干水并放入适量的食盐；用勺子将糯米舀到交叠铺平的两片粽叶上；放上熏肉片或其他馅料并用糯米盖住；紧紧地卷起包裹着糯米的粽叶，再用稻草缠绕、绑紧。将粽子放入冷水锅中，熬煮几小时，即可食用。

[m³¹pzi³¹e³¹mo³¹] "褡裢粑"

　　农历七月十三祭祖节时，常做的传统糯米食品。把新鲜芭蕉叶洗净，剪成长方块；放入开水锅中煮软，捞起、摊平、凉凉。在热水锅中加入白糖、糯米粉、黑芝麻和捣碎的熟花生米，搅拌均匀。起锅，加入适量凉水后揉成团。掐取一小团，捏成长条形，放到背面朝上并刷上食用油的芭蕉叶上，卷成筒并从中间折起来。放入蒸锅中，蒸熟即可食用。

[m³¹pzi³¹phau⁵³] "发糕"

　　用大米制作而成的食品。先将大米淘洗干净，用凉水浸泡一晚上，再用石磨磨成稀糊状。加入适量白砂糖和发酵粉并搅拌均匀；待发酵后，倒入开水锅里的蒸屉上，蒸熟即可食用。

4-5 ◆保田

4-6 ◆弄麻

4-8 ◆ 弄麻

4-9 ◆ 弄麻

[i³¹piau³³muŋ⁵³lei³³] "糯米甜酒"

    在糯米饭里加入适量 [la³⁵pən⁵³] "酒药"发酵后形成的甜酒。将糯米煮成稍微硬一点的熟饭；倒入簸箕或大盆中，摊开凉凉之后，加入适量的"酒药"并搅拌均匀；待其发酵，即成为带酒糟的甜酒。可以直接食用，也可以用开水煮着吃，还可以放入糍粑、年糕等一块煮着吃。用高粱制成的甜酒称为 [tshɿ⁵⁵pla³¹i³¹piau³³] "高粱甜酒"。

4-7 ◆ 弄麻

[piau³⁵tsɿ³¹ɕi³¹] "醪糟酒"

    用糯米甜酒和尾酒_{蒸馏白酒时，最后流出来的酒精度数不高的白酒}混合在一起泡制一段时间而形成的带有醪糟的酒。当地人几乎没有喝茶或喝白开水的习惯，平时就用凉水、醪糟酒或白酒解渴；做农活时，也带上一瓶醪糟酒或白酒当茶水饮用。

[piau³⁵fən⁵³] "白酒"

[ʂɿ¹³pu³¹laŋ³¹piau³⁵] "酒桶"

    采用发酵、蒸馏的方法制作出来的酒。将芭蕉芋、玉米、高粱等蒸熟，加上适量的"酒药"并搅拌均匀；发酵后蒸馏而形成的白酒，分别称为 [piau³⁵m³¹pa³³tɕio³³i¹³] "芭蕉芋酒"、[piau³⁵tɕhi³⁵] "玉米酒"、[piau³⁵m³¹tʂhɿ⁵⁵pla³¹] "高粱酒"。早期，装在酒坛里，现在多装在塑料酒桶里存放。

4-10 ◆ 弄麻

中国语言文化典藏

4-11 ◆ 弄麻

4-13 ◆ 弄麻

[i³¹piau³³taŋ³¹ta¹³pa³³] **"甜酒年糕"**

用甜酒和年糕一块煮成的食物。把年糕切成条，放入甜酒、水和白糖，一块煮熟即可食用。

[di³¹ke³⁵suo⁵³] **"腊烟"**

干的烟叶，由采摘回来的新鲜烟叶晾晒、风干而成。碾碎后，用纸包裹着或放在水烟筒或烟斗窝中抽。

[pzi³¹taŋ³¹tɕhi³⁵] **"烤玉米"**

用炭火烤熟的玉米棒。将鲜玉米棒放在火盆或火塘上，在火炭边烤熟或埋在热灰中将其焐熟。

4-12 ◆ 弄麻

4-14 ◆ 弄麻

[da³¹daŋ³¹a³³ɕiu⁵³] "辣椒骨" │ [ɳiau³³a³³ɕiu⁵³] "辣椒肉"

　　用辣椒粉和猪骨头、新鲜猪肉腌制而成的传统菜肴。将舂碎的猪骨头和猪肉拌上辣椒粉、生姜末、花椒粉、食盐和白酒等，腌制于坛中或桶内并密封半个月以上。腌制越久，味道越香。加水煮熟，可直接食用，也可作为每餐必不可少的上等调味品。当地人认为，可增进食欲，防治感冒。

[ɳiau³³a³³ɕiu⁵³taŋ³¹ɳiau³³mei³³] "辣椒肉煮羊肉"

　　用羊肉和"辣椒肉"或"辣椒骨"煮制的菜肴。把羊肉切成块，放入冷水锅中煮开。再加入"辣椒肉"或"辣椒骨"。快熟时，添加一些新鲜的嫩茴香。因为"辣椒肉"或"辣椒骨"味咸，一般不再加盐。煮熟，即可食用。

4-17 ◆ 弄麻

4-15 ◆ 弄麻

4-16 ◆ 弄麻

[a³³ɕiu⁵³pla³¹] **"辣椒酱"**

　　用磨碎的红辣椒腌制而成的传统菜肴和调味品。把新鲜红辣椒洗净，晾一天，收水后切碎，加入蒜蓉，用石磨磨成泥状，再添加适量的食盐。装入坛中，腌制一段时间后即可食用。在辣椒酱坛中放入青辣椒，密封腌制，可制成 [a³³ɕiu⁵³pla³¹jaŋ⁵³taŋ³¹a³³ɕiu⁵³] "红辣椒泡辣椒果"。

[tei³³zuŋ³³] **"豆腐乳"**

　　用霉豆腐和辣椒酱制成的传统菜肴。把豆腐切成小块，放到豆豉草上，再盖上豆豉草，待其生霉；之后，加盐腌制，装入坛中；腌好后，拌上辣椒酱，即可食用。

[a³³ɕiu⁵³taŋ³¹ke³³ke³³di¹³sa³³] **"辣椒煮芋头秆"**

　　用芋头秆和"辣椒肉"或"辣椒骨"等煮制的菜肴。撕去嫩芋头秆的表皮，切成段，与嫩南瓜叶、"辣椒肉"或"辣椒骨"等一起放入锅中，加水，煮熟即可食用。

4-18 ◆ 弄麻

[la³⁵taŋ³¹n̠iau³³kai³⁵taŋ⁵³n̠iau³³m³¹ti³³ti³³] **"香草煮鸭"**

用整只鸭子和 [la³⁵taŋ³¹n̠iau³³kai³⁵] "香草" 直译为煮鸡肉的草药煮制的菜肴。把洗净并掏去内脏的整只鸭子和"香草"一道放入冷水锅中，加适量的盐，煮熟，剁成块，即可食用。

中国语言文化典藏

隆林仡佬语

肆·饮食

4-20◆弄麻

[ȵiau³³la⁵³zu¹³] **"腊肉"**

　　腌制并熏干的猪肉或牛肉。把新鲜的猪肉、牛肉等切成条块状。抹上用适量的盐、辣椒粉和花椒等搅成糊状的作料。挂到熏架下熏干。熏的时间越长，就会越香，也越好吃。食用时，放到火上烧至肉皮变软。放入冷水锅中煮开，取出，置于凉水中，拭去或刮除表面黑灰。再放入冷水锅中煮熟。取出，切成小块，即可食用，或蘸取辣椒汤食用。

4-21◆弄麻

[ȵiau³³mau³⁵] **"猪肉"**

　　用新鲜猪肉炒制的菜肴。把新鲜猪肉切成块，炒至快要熟时，加入大蒜叶、姜丝、食盐等作料，烧熟即可食用。

4-22 ◆大水井

[pla³¹ho³¹ɕye³¹] "活血"

用动物鲜血制成的具有地方特色的菜肴。接取所杀猪、羊和鸡等动物的鲜血，加入适量食盐后搅拌均匀，静置。将刚烧的开水冲入放有姜丝、葱花等作料的盆中，再把静置后的鲜血倒入其中，搅拌，使之均匀。待其达到常温时，凝固成豆腐酪状，即可食用。当地人认为因其呈现红色，有吉祥之意。

[ɬi³⁵ŋ³¹kai⁵³] "煎蛋皮"

用鸡蛋煎成的辅助菜肴。把鸡蛋敲碎，放入大碗中搅拌均匀。在铁锅中放入少量猪油，烧到冒油烟时端起。舀一瓢搅打过的蛋液，放入锅中，转动铁锅，蛋液就均匀地粘在铁锅上。再放到火上烤一会儿，鸡蛋就与铁锅分离开来。铲出，即成蛋皮。

4-23 ◆弄麻

4-24◆弄麻

[ŋ³¹kai⁵³ko³³n̡iau³³] **"包蛋卷"**

　　用蛋皮包裹肉馅。把蛋皮铺在干净的木板或砧板上，均匀地布上用肉泥状的新鲜瘦猪肉和食盐、葱花、姜丝等作料制成的馅，再卷成卷。放在大白铁锅中的 [bɪ³¹da¹³]"甑箅"上，蒸熟，斜着切成块，即可食用。

[a³³ɕiu⁵³taŋ³¹luŋ³¹pla³¹] **"辣椒煮酸菜"**

　　用"酸菜"和辣椒类作料煮制的菜肴。把洗净、切碎的"酸菜"放入冷水锅中，添加"辣椒骨""辣椒肉"或"辣椒酱"，不加油，可少加一点盐，烧熟，即可食用。

4-26◆弄麻

[luŋ³¹pla³¹suo³¹o³¹] **"淡酸菜"**

　　将"酸菜"洗净、切碎，放入冷水锅中，不加盐，直接煮开即可食用的菜肴。"酸菜"的制作过程：采回新鲜蔬菜，洗净，晾晒到菜叶表面微皱；放入开水锅里焯一会儿（锅中不能有油）；再放入坛中或桶里，倒入烫菜的热水，至水量刚淹没蔬菜；用石块压着。发酵几天，等到颜色变黄，即可食用。

[luŋ³¹pla³¹daŋ³¹ȵiau³³ȵai³¹] **"酸菜煮牛肉"**

　　用牛肉、"酸菜"和辣椒类作料煮制的菜肴。将新鲜牛肉切成块，倒入放有"辣椒骨"或"辣椒肉"的冷水锅中，煮到八成熟，再加入切碎的"酸菜"和少量作为香料的嫩茴香，煮熟，即可食用。

隆林仡佬语 　肆·饮食

119

4-28 ◆弄麻

[au⁵⁵a³³ɕiu⁵³tʂo⁵³luŋ³¹pla³¹tei³³muŋ⁵³] **"辣椒炒酸菜米豆腐"**

将切碎的"酸菜"和"辣椒骨"或"辣椒肉"一起放入冷水锅中，烧开，再添入切成块的 [tei³³muŋ⁵³] "米豆腐"，煮熟，即可食用。"米豆腐"的制作方法为：把大米淘洗浸泡后，加水，磨成米浆；烧开米浆，加适量的石灰水，熬制，冷却，凝固成豆腐状。

[tei³³o³⁵suo³¹o³¹] **"淡豆腐"**

不加任何作料的舀入菜盆中可直接食用的豆腐脑。将豆腐脑舀入豆腐箱中，沥水，压制成型，即成为豆腐。把豆腐切成小块，放入热油锅中煎至两面发黄，称为 [ɬi³⁵pli³¹tei³³] "煎豆腐"，常与其他配菜一块炒着吃。

[tei³³luŋ³¹] **"菜豆腐"**

用青菜和豆浆制成的菜肴。是节日或重大活动中的必备品。在做豆腐 [ka³¹ŋ³¹pla³¹] "冲浆"（见图5-114）之前，把剁碎的青菜加入豆浆中制作而成。食用时，加热并添加适量的食盐。

4-31 ◆弄麻

4-32 ◆弄麻

4-29 ◆ 弄麻

4-30 ◆ 弄麻

[bɪ¹³nuŋ³³pla³¹] **"酸笋"**

　　用新鲜嫩竹笋制作的菜肴。齐根砍取长出地面约 30 厘米的竹笋。剥壳，洗净，切成笋丝或笋片。倒入开水锅中，约煮十分钟。凉凉后，装入放有温开水的塑料桶或坛子中。水没过笋丝。密封，浸泡一周以上，使之自行变酸，即可食用。制作过程中忌沾油盐，否则竹笋会腐烂。

[a³³ɕiu⁵³taŋ³¹bɪ¹³nuŋ³³] **"辣椒煮竹笋"**

　　用新鲜嫩竹笋和辣椒类作料煮制的菜肴。剥除嫩竹笋的外壳后，放入冷水锅中。烧开后，用微火煮沸一段时间，除去其苦涩味。切成条形，放入冷水锅中，再加入"辣椒骨""辣椒肉"或"辣椒酱"，煮熟，即可食用。

[ȵiau³³a³³ɕiu⁵³kei³⁵tei³³laŋ³⁵] **"辣椒肉炒魔芋豆腐"**

　　用 [tei³³laŋ³⁵] "魔芋豆腐"和辣椒类作料炒制的菜肴。将小块"魔芋豆腐"直接放入无油的热锅中，炒至水分快干时放入"辣椒肉"、食盐等烧熟即可。"魔芋豆腐"的制作过程为：把魔芋块茎洗净并刮去表皮，研磨成糊状，同时，流入大锅中并用长 [faŋ³¹phai³⁵] "饭板"不断搅动；待其熟透后，加入适量石灰水使之凝固；加凉水入锅，用菜刀切成块状；取出，放入清水锅中煮；取出，再放入清水中浸泡，储存。

4-33 ◆ 弄麻

4-34 ◆弄麻

4-36 ◆弄麻

[luŋ³¹suo³¹o³¹] **"淡菜"**

　　只用清水煮熟而不加油盐的清淡蔬菜。是人们最常食用的菜肴。图 4-34 为用清水煮熟的豆角、南瓜叶、嫩南瓜和佛手瓜等。蘸取辣椒汤食用。

[jaŋ³¹kua³³kei³⁵ȵiau³³mau³⁵] **"佛手炒猪肉"**

　　用猪肉和佛手瓜炒制的菜肴。把新鲜的猪肉片炒到半熟，再加入刨成丝的佛手瓜，加盐，一起炒熟，即可食用。

[ne³¹luŋ³¹] **"油蔬菜"**

　　把蔬菜放入锅中煮熟，再加入猪油和食盐，即可食用。

4-35 ◆弄麻

中国语言文化典藏

4-38 ◆ 弄麻

[daŋ³¹jaŋ⁵³huo³³] "阳荷果"

夏季，从阳荷植株根部生长出来的像竹笋一样的紫红色蒴果。把阳荷嫩果和青辣椒、腊肉一起炒着吃，称为 [daŋ³¹jaŋ⁵³huo³³kei³⁵ɲiau³³la⁵³zu¹³] "阳荷果炒腊肉"。阳荷的嫩青苗可以直接炒着吃，称为 [kei³⁵jaŋ⁵³huo³³] "炒阳荷"；其块茎可以炖猪蹄吃，称为 [jaŋ⁵³huo³³ŋau⁵³ko³³mau³⁵] "阳荷炖猪蹄"。

[pai³⁵pzi³¹taŋ³¹a³³ɕiu⁵³] "火烧辣椒"

用青辣椒和 [daŋ³¹ti³¹tuŋ³⁵] "木姜子"（山苍子）做成的菜肴。把新鲜的青辣椒放在火上烧熟，切碎，与捣碎的"木姜子"青果搅拌均匀。再加适量的食盐和温开水，即可食用。既可作为作料蘸取其他菜食用，也可以直接当菜吃。

[pa³³tɕio³³i¹³] "芭蕉芋"

多年生草本植物的块状根茎。几乎家家都大面积种植。主要用于煮熟、捣碎后发酵酿造芭蕉芋酒；还可以提取淀粉、制作粉条等。

4-37 ◆ 弄麻

4-39 ◆ 弄麻

4-40 ◆弄麻

[pa³³tɕio³³i¹³fən⁵³] "芭蕉芋粉丝"

用芭蕉芋淀粉制作的粉丝。晾干后,束成把。食用前,用水浸泡一段时间,再放入开水锅中煮软,加上油盐等调料,即可食用。

[ne³¹mi³³] "茶油"

用 [daŋ³¹mi³³] "茶油果" 榨的植物油。气味清香,味道纯正。是当地常用的食用油,也作为丧葬、祭祀用的茶油灯的灯油。以前,把"茶油果"晒干,用碓春碎,蒸熟,用棕毛皮包裹着放到榨油的架子里,榨出茶油。现在送到油坊去榨油。

4-41 ◆弄麻

[a³³ɕiu⁵³ʂuo⁵³] "干辣椒"

　　熏干的红辣椒。把新鲜红辣椒放在火塘上方熏干即可留用。[taŋ³¹thaŋ³¹ʂuo⁵³] "干豆角"、[da³¹ʐau¹³ʂuo⁵³] "干茄子" 和 [li³¹bəu³¹ʂuo⁵³] "干萝卜" 等也是如此加工。

肆·饮食

　　三冲仡佬族生活在群山绵延、地势高耸、地广人稀的高海拔土石山区。水田少，旱田多；平地少，坡地多。耕地条件差，耕种难度大。农作物以玉米为主，水稻为次。主要施用猪、牛、羊等的粪便和草木灰等混合的肥料。由于耕作水平有限，加之田地离家较远，道路上坡下坎、崎岖不平，运肥艰难等，很少施肥料，故农作物广种薄收、产量低下。如遇灾荒，就更加低产或者失收。现在，劳动力多外出打工，很多田地已经荒芜。当地人有换工协作的习惯。不但插秧、收禾、种玉米等生产劳动换工，起房子、办红白喜事等也换工。换工协作体现了仡佬族的互助精神。

　　畜牧业是仡佬族农民致富的重要手段。村寨周边的荒坡野岭是天然的牧场，到处是绿油油的嫩草，所以家家户户都喜养猪、牛、羊、马、骡、毛驴和鸡、鸭等家畜家禽。养牛还是用很简单的传统饲养方式。白天放到山上吃青草。寒冬腊月时，关在栏里，用干稻草、玉米衣和热水及一些玉米粥等喂养。现在，养牛已不再是为了耕种田地，而主要是出售增加经济收入。由于交通不便，山路难行，马、骡子和毛驴仍是农业生产的主要运输工具。插秧、收谷物和运肥等都用驴马驮运。因此，很多农户家都

养马、骡子或毛驴。现在，在路况较好的地方，一些年轻人使用摩托车驮运。马、骡子和毛驴平时拴在山上或路边吃草，或牵着放养，晚上关在栏里加夜料，运输期间喂点玉米。很多人家养着山羊，既可宰杀食肉，又可以运到市场上出售，增加收入。喂养的方式也很传统。白天，放到山上吃树叶、青草；晚上，赶回栏里喂盐水和饲料。未外出务工的家庭，都养着很多猪和鸡。猪饲料是米糠、酒糟和采摘的各类猪菜。鸡白天放养在山上，晚上回到屋边，喂一些谷物。每逢春节，每家每户都要杀鸡杀年猪。其余的拿到市场上售卖，增加收入，也作为礼物送人。

房前屋后的地里，种着南瓜、黄豆、青菜等，一般都能自给自足。

很多人都是多面手，成年男人会做家具、编鸡箓、建房子，还会杀猪、杀羊等；女人会缝制衣服，还会做豆腐等。家家户户都会用芭蕉芋或玉米等酿酒。因地处偏远、交通不便、经济欠发达，商业和娱乐业活动不多。除了不能制作的用具或农具要到集市上购买之外，很多都是就地取材，自己制作。农闲时，勤劳的仡佬族人凭借聪明才智，依靠灵巧的双手制作各种木器和竹器。

[zuŋ¹³phi³³kai³⁵]"梯田"

在山脚旁，依地势开辟出来的用于种植水稻的小块长条形田。依靠引水进行灌溉。

5-1◆保田

[zuŋ¹³ŋ³¹] "水田"

在山谷中，依地势开辟出来的种植水稻的小块田。用石块垒埂，引水灌溉。

[lau¹³bɪ³¹tsau³¹] "坡地"

在陡斜的山坡上，开辟出的旱地。主要用于种植玉米、红薯等旱地作物。不浇水，很少施肥，主要是靠天收。因为很多劳动力外出务工，高山上或深山谷里的田地，多已无人耕种而荒芜，成了[lau¹³ʑəu⁵³] "荒地"。

5-2◆保田

5-3◆弄麻

[zuŋ¹³lau³³] "田地"

[zuŋ¹³] "田"和 [lau³³] "地"的合称。因居住在高山坡上,"地"就在房舍周边或村庄附近,"田"则在离家很远的山沟坝子里。图 5-4 为保田自然村仅有的几块在村边的水田。以前也是旱地,后来,从很远处引来了水,而改为水田。

[hai⁵³lau³³] "挖地"

用 [pu⁵³di³¹tɕhye³³da¹³zuŋ¹³] "板锄"把曾耕种过的土地深翻一遍,以便种上新一茬的农作物。以前主要用牛犁地,现在耕牛几乎没有了,平地用小型机械翻耕,坡地靠人力来挖。

5-6 ◆ 保田

[zɿ⁵³lau³³]"锄地"

用 [pu⁵³di³¹zɿ³³lau⁵³]"薅锄"除去地里的杂草并给农作物根部培土，之后再施肥。图5-6为锄去辣椒地里的杂草并培土。

[ʔəu⁵³pau³¹au³¹]"沤肥"

把牛羊栏、猪圈中带厩草的粪便运出来，堆放在篾编的围圈里或直接堆放在房舍附近的坡下面。经日晒雨淋，直至沤到腐烂、细碎，待半干状态时，运送到地里去做肥料。

[tɕhiau³⁵pau³¹au³¹]"掏粪"

用三齿铁耙或九齿铁耙把牲畜圈栏中的厩肥聚在一起，再运出来，进行沤肥。

5-7 ◆ 保田

5-8 ◆ 弄麻

[pluŋ³¹pau³¹au³¹] "堆肥"

把牛羊栏和猪圈里的粪便和厩草或已经沤烂的农家肥运到田间地头，堆放在那里。到农作物需要上肥时，再撒到田地里去。

[au³⁵pau³¹au³¹] "施肥"

将已经沤烂的农家肥用 [bo¹³] "泥箕" 盛起来，撒到地里或农作物的根部。图 5-10 为给辣椒根部施肥。

[pu⁵³pau³¹au³¹] **"背肥"**

用背篓把沤烂的处于半干状态的农家肥运送到田地里去。

[zɿ⁵³zuŋ¹³] **"踩田"**

以前，秧苗栽插后，用脚把结成块的泥土踩烂并为秧苗培土；同时，拔除杂草并踩到泥中。现在，很多人直接喷洒除草剂。也指没有耕牛耙田时，用脚平整水田。常年浸泡的水田土质松软，用脚踩踏稻草根和杂草入泥后，不用耕牛耙田，即可插秧。

隆林仡佬语 伍·农工百艺

[kau³¹ɪ³⁵] "拔秧"

把秧田中的秧苗拔起来，扎成把，再运送到大田中去栽插。以前，有的人把扎成把的秧苗下部分开，架在一根长竹竿的两边，人在中间挑起来，运送到大田里；多数人使用背篓背秧苗。运送到大田边后，抛撒到田中，以便插秧时随手可以拿到秧苗，节省插秧时间。

[thaŋ¹³ɪ³⁵] "插秧"

将秧苗均匀地栽插在耙过的水田里。倒退栽插，以免踩坏新插的秧苗。

中
国
语
言
文
化
典
藏

[hən³⁵pi¹³muŋ⁵³] **"稻草人"**

以前，用稻草扎成假人，插在田地里，赶鸟雀。现在，多用木棍或竹竿扎成一个十字架，再穿上褂子，戴上帽子，挂上布条。也有在木棍或竹竿上直接挂布条的。

[m³¹ɕiaŋ³¹ko⁵³] **"响篙"**

吓走晒谷场上偷吃谷物的家禽或鸟雀等的竹竿。用一段 1.5 米左右的竹竿，把粗的一端破开成八片，即成为"响篙"。使用时，手握细的一端，摇动或敲打地面，发出响声，吓走偷吃谷物的家禽或鸟雀。

5-16◆弄麻

5-17◆保田

[he⁵³muŋ⁵³]"割稻"

用镰刀割稻子。一把一把地整齐地放在身后，以便于后续脱粒。

[təu⁵⁵]"打稻桶" | [ka⁵³muŋ⁵³]"打稻子"

打稻谷用的底小、口大、梯形的大木桶。四角都有便于拖动木桶的桶耳。抱起一把稻子，双手紧握稻秆的后部并向上扬起，把稻穗端往打稻桶的内壁上猛力掼摔，使稻粒与禾秆脱离。之后，抖动禾秆几次，使脱离的稻粒全都撒落在桶内，避免再次扬起时抛撒到桶外。反复掼摔几次，直至稻粒脱落干净。

5-18◆保田

[taŋ³¹ka⁵³muŋ⁵³] "打稻机"

脱粒的农具。以前,用木板做成稻桶和篷架;使用时,用脚踩动踏板使篷架内的有齿滚轮快速旋转起来,双手紧握稻秆后部,把稻穗端放到滚轮上,使稻粒与禾秆脱离,掉落到桶里。现在多用铁质"打稻机",动力来源也由人力改为机器。

5-19 ◆保田

[ʂuo⁵³muŋ⁵³] "晒稻谷"

将刚打回来的稻谷摊在晒谷场上晒干。以前,晒稻谷主要用 [bi¹³pu³³ʂuo⁵³muŋ⁵³] "晒簟";现在,多用 [bi¹³pu³³tɕio³³] "胶席子"(即塑料彩条布),或直接摊晒在楼房的平顶上。

5-20 ◆保田

5-21◆保田

[tha³¹jaŋ¹³muŋ⁵³] **"扬谷"**

一人用 [tʂho⁵³] "撮" 装上稻谷，举到头顶，然后慢慢撒下稻谷；另一人双手握住扬谷簸箕，从侧面不断地快速扇风；两人相互配合，使饱满的稻谷与秕谷及草屑分离。

[fəŋ¹³po³¹jaŋ¹³muŋ⁵³] **"风稻谷"**

一手摇动 [fəŋ¹³po³¹] "风簸" 的摇把，使"风簸"中的扇叶转动起来，一手握着装稻谷的斗下方的开关，控制出稻量的大小，利用风力使饱满的稻谷与秕谷及草屑分离。

[əu⁵³m³¹sa⁵³] **"簸米"**

用 [vei³¹əu⁵³] "小晒簸" 或扬谷簸箕不断地簸动掺有稻粒、粗糠和碎米的大米。这样，粗糠和碎米移动到簸箕前部，再簸出簸箕，稻粒集中到簸箕后部，处于大米的上面，再捧去或捡出稻粒，留下洁净的大米。

5-22◆保田

5-23◆保田

[thaŋ³¹tɕhi³⁵] **"种玉米"**

在翻垦后的坡地上，用锄头挖出一个一个小窝；将玉米种子丢到小窝中，再用泥土盖上。

[phu⁵³tɕhi³⁵] **"搓玉米"**

一只手握着玉米棒，另一只手在玉米棒上反复扭动，也可以两只手各拿一根玉米棒，两根相互搓动，使玉米粒脱落。短期内不会食用或作为种子储存的玉米棒，连带外皮收回之后，把外皮翻到后部，打成结，挂在阁楼或走廊的竹竿上，以便将来食用或来年播种，称为[va⁵³pau³¹pau³¹tɕhi³⁵]"挂玉米棒"。

5-26 ◆保田

[tsei³⁵m³¹sau³³pla³¹] **"挖红薯"**

用锄头将生长在地里的红薯块茎刨出来。

[dau³¹di³¹m³¹lei³¹] **"采构树叶"**

构树叶含有丰富的乳白色树汁，是很好的猪饲料。图 5-27 为男子爬到构树上采摘其嫩叶。几乎家家都养很多猪。妇女们的主要工作之一就是采摘红薯藤、南瓜叶、芋头秆等作为喂猪的饲料。这些活动与"采构树叶"都称为 [dau³¹luŋ³¹mau³⁵] **"打猪菜"**。

5-27 ◆弄麻

[tsei¹³luŋ³¹mau³⁵] "剁猪菜"

　　将采摘回来的各类猪菜剁碎。量少的时候，就放到砧板上用菜刀剁碎。养猪较多的人家，几乎都有打猪菜机。剁碎的猪菜放到大锅中煮熟称为 [taŋ³¹luŋ³¹mau³⁵] "煮猪菜"，之后才拿来喂猪。

5-29 ◆ 弄麻

[n̠a³³thaŋ³¹tɕhi³⁵] "种玉米篓"

播种玉米时装种子的篓子，用竹篾编制而成。

[pu⁵³di³¹zʅ³³lau⁵³] "薅锄"

主要用于给地里的庄稼除草、培土和挖窝种豆等的锄头，锄面较薄。方形"薅锄"与"板锄"形似，但锄面短而宽大；三角形"薅锄"的锄面似三角形或半月形，刃口较宽，锄柄安装在后面的铁筒里。

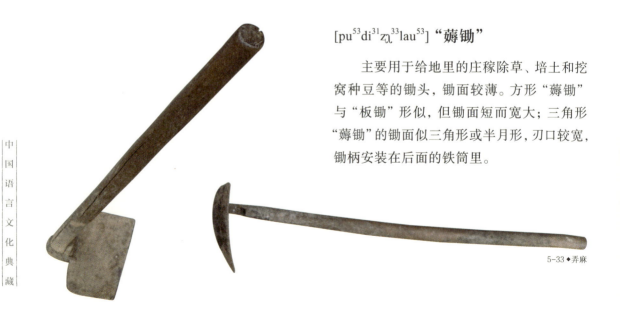

5-33 ◆ 弄麻

[pei¹³tɕia³¹] **"背架"**

　　背运东西的用具。用方条木料做成上下两格的长方形木架，下部围绕木架的边框两面编成竹垫，并绑上宽棕皮带子。背东西时，东西绑在木架的后面，竹垫靠在背上，棕皮宽带从腋下穿过压在双肩上（见图 5-30）。

[pu⁵³di³¹tɕhye³³da¹³zuŋ¹³] **"板锄"**

　　用来锄去田边杂草的锄面宽大的锄头。锄面宽约 15 厘米，长约 20 厘米。主要用于刮除田埂四周的杂草并给田埂附上一层泥土，也用于平整田基和翻挖田角等。

[pu⁵³di³¹hai³¹lau⁵³] **"条锄"**

主要用于挖掘比较坚硬的泥土或砂石土的锄头。直译为"挖地的锄头"。锄身窄长，锄面较厚，很重，便于入土。锄面一般长约26厘米，宽约8厘米，锄柄长1米左右。

5-34◆弄麻

[m³¹pzi¹³pzi¹³la³⁵] **"尖头扁担"**

主要用于挑草的扁担。有 [muo³¹tai⁵³pzi¹³la³⁵] "木尖头扁担"（见图5-36）和 [m³¹jau⁵³pzi¹³la³⁵] "竹尖头扁担"两种。把长2米左右的粗木棍或竹竿的两头削尖即可。

[m³¹tiau¹³] **"杵杖"**

一根长约1.5米，上端有叉下端削尖的木棍。当用一侧肩膀扛起长而重的木料时，将"杵杖"平放在另一侧肩膀上，把"杵杖"的后端放在长木料的下方，前端用手向下压，肩膀作为支点，使所扛木料的重量分担在两侧肩膀上，以减轻一侧肩膀的压力。休息时，用"杵杖"撑起肩膀前部的木料，肩膀后部木料的尾端着地，用手扶着"杵杖"，就可以空出肩膀来。再次扛起时，弯腰伸肩膀到长木料下方即可。

5-36◆弄麻

5-37◆弄麻

5-35 ◆ 弄麻

[m³¹pzi¹³pzi¹³ŋ³¹] **"挑水扁担"**

　　主要用于挑水的扁担。有 [m³¹pzi¹³muo³¹tai⁵³] "木扁担" 和 [m³¹pzi¹³jau⁵³] "竹扁担" 两种。图 5-35 为传统的 "木扁担"，用 [ɕi³¹ka³¹ɲai³³] "牛皮绳" 把 [ka³¹kəu⁵³m³¹pzi¹³] "扁担钩" 系在两头的 [daŋ³⁵m³¹pzi¹³] "扁担头" 上。"竹扁担" 直接用麻绳或尼龙绳将 "扁担钩" 系在扁担的两头。

[vei³¹əu³¹jaŋ³¹muŋ⁵³] **"扬谷簸箕"**

　　簸米、扬稻谷、晒东西的用具。竹篾编制，直径 70 厘米左右，圆形，有直立浅框。

5-38 ◆ 弄麻

5-39 ◆弄麻

[bu¹³vei⁵³] **"晒簸"**

晒东西的用具。竹篾编制，直径 140 厘米左右，圆形，有弧形深框，后面有用厚竹篾编制的起支撑作用的 [ka⁵³kei⁵⁵bu¹³vei⁵³] "晒簸背架"。比 "晒簸" 小，直径 60 厘米左右的，称为 "小晒簸"。

[z̩¹³kui³³dʐuo³¹] **"粗筛"**

主要用于筛大米的用具。竹篾编成，直径约 45 厘米，圆形，有边框和网格状的疏孔。筛米时，旋动筛子，使稻粒聚集在一起，用手捧出或捡出，细米和米糠从筛孔中漏下去。

[z̩¹³kui³³z̩³⁵] **"细筛"**

主要用于筛粉状食材的用具。竹篾编成，孔密、眼小。以前，用石磨或碓把玉米加工成粉，只有筛下来的细粉才能做 [m³¹pzi³¹tɕhi³⁵] "玉米粑粑" 等，粗的 [da³¹sən³³tɕhi³⁵] "玉米碎" 用于煮玉米饭或喂鸡。

5-40 ◆弄麻

5-41 ◆弄麻

中国语言文化典藏

[zʅ¹³kui³³khaŋ⁵³suŋ³¹sʅ³¹] **"吊筛"**

分离豆粒与豆荚、豆秆等的用具。直译
为"炕东西的筛子"。竹篾编成，方形，有
网格状大孔。也可以挂在火塘上方，当"熏
簟"使用。

5-42 ◆乔麻

[m³¹dzʅ³¹khəu⁵³] **"连枷"**

脱粒的农具。由一根长竹柄、一个转轴和一组并排固定在转轴上的竹条或木条构成。使
用时，上下挥动竹柄，使竹条或木条绕轴转动，敲打豆荚、稻穗或麦穗，使其籽粒脱落。也有
在一根长柄的上端用绳子连接一根短木棍而做成的连枷，主要用于敲打晒干的玉米棒，使玉
米粒从玉米芯上脱落下来。

5-43 ◆乔麻

[tʂho⁵³] **"撮"**

斗形盛物的用具。竹篾编制，三面有帮，
一面敞口。主要用于扬稻谷、运粮食等。

5-44 ◆保田

[luo³¹kuaŋ³³laŋ³¹m³¹sa⁵³] "米箩"

装米的箩筐。细篾条编制，圆形、口宽、底方且小，也可以用于装其他粮食。

5-45 ◆保田

[bi¹³pu³³ʂuo⁵³muŋ⁵³] "晒簟"

晾晒粮食的长方形席子。竹篾编制，可卷起来。以前，这是农家不可缺少的传统的生产、生活用具。现在，已被防水塑料彩条布代替。也可直接把稻谷等放在楼房的平顶上晾晒。

5-46 ◆弄麻

中国语言文化典藏

[pli³¹tai⁵³nau¹³muŋ⁵³] **"无齿谷耙"**

5-47 ◆保田

在晒谷场上翻晒谷物的工具。直译为"翻稻谷的木板"。由一块长方形木板、一根长柄和两根短木条钉成。

[be³⁵pli³¹tai⁵³nau¹³muŋ⁵³] **"有齿谷耙"**

5-48 ◆保田

摊晒和翻动谷物的工具。直译为"翻稻谷的齿木板"。由一块有齿的长方形木板、一根长柄和两根短木条钉成。

[fəŋ¹³po³¹m³¹tai⁵³] **"木风簸"**

利用风力选出饱满稻粒的工具。用木材做成,一端是浑圆的内置摇扇的风簸腹,另一端是方形出口,上部为稻谷斗,下部设有开关,开关下有一前一后两个错开位置的向下的斜口。使用时,将稻谷倒进斗中,摇动风簸腹外面的摇把,使扇叶转动起来。饱满的稻粒便从斗前方的斜口流出;秕谷从偏后的斜口流出;空壳和草屑从尾部方形出口飘出。现在,多使用铁质的[fəŋ¹³po³¹tɕie⁵³]"铁风簸"。

5-49 ◆保田

5-50◆弄麻

[da³¹li³³] **"犁"**

翻土的木质农具。由 [daŋ³⁵da³¹li³³] "犁梢"、[li³¹paŋ⁵³] "犁底"、[li³¹kaŋ⁵³] "犁弓（犁辕）"、[li³¹tɕhin³³] "犁箭" 等几部分构成。使用时，安上牛轭头，牛在前面拖拽，人在后面扶着，把田地里的土翻过来。

5-51◆弄麻

[khui³⁵] **"铧口"**

安装在"犁底"最前端，破开泥土的生铁铸成的尖头。

5-52◆弄麻

[da³¹dʐuo³¹m³¹tai⁵³] **"木耙"**

把泥土弄碎整平以利于插秧和播种的农具。用木料制成，下端装有7根 [be¹³da³¹dʐuo³¹] "耙齿"，2根耙腿，用于系粗绳连接牛轭头；上端是人手把扶的 [daŋ³⁵da³¹dʐuo³¹] "耙扶手"。现已多被结构相同的 [da³¹dʐuo³¹tɕie⁵³] "铁耙" 代替。

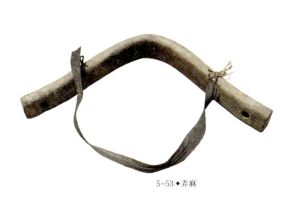

5-53 ◆弄麻

[ŋa³⁵n̠ai³¹] "牛轭头"

　　与犁、耙配套使用的农具。用一截自然弯曲成 "V" 形的木料制作而成。两端各挖一个洞,系上"牛皮绳",连接犁或耙。耕地时,架在牛脖子上,用短绳固定好;牛向前使力时,背着牛轭头并带动犁或耙向前运行。

[n̠iuŋ⁵³pu³⁵n̠ai³¹] "牛嘴套"

　　用竹篾编制的套在牛嘴上防止牛吃田地边庄稼的用具。

5-55 ◆弄麻

5-54 ◆弄麻

[çi³¹ka³¹n̠ai³³] "牛皮绳"

　　连接牛轭头与犁、耙等的粗绳索。用牛皮做成。现仍在使用,有被尼龙绳取代的趋势。

[n̠a³³pau³¹au³¹] "粪篓"

　　运送农家肥的圆柱形竹篓。用竹篾编制,篓身为网格状,无盖,下面有活动的木底板。运肥时,扣上篓子下口的底板,并把它绑在 [m³¹tçia³¹no³³] "马架"上,装上农家肥,用骡马驮运到地头,解开底板上的扣锁,农家肥就自动从底口撒落下来。

5-56 ◆弄麻

5-57 ◆弄麻

[bo¹³] **"泥箕"**

　　用竹篾编成的斗形用具。后部有提环，上面有提梁，可提、可抬、可挑。主要用于运送泥土和肥料等，也可以装东西。

[tʂhe³³pli³¹jau⁵³] **"篾编车"**

　　主要用于运送厩肥的农具，也可以运送泥土。车篓由竹篾编制而成，放在独轮车的木架上。车篓可以用木板钉成的车厢代替。

5-60 ◆弄麻

中国语言文化典藏

5-58 ◆ 弄麻

[ti⁵³] "背篓"

　　背东西的用具。用竹篾编成，方底，圆口，上面系两条用棕皮纤维编成的 [ʂ̩³¹ke³⁵] "背带"。用途甚广，使用频率高，家家户户不可缺少，收玉米、南瓜、各种豆类及打猪菜、打柴时均可使用。现在，也有使用塑料编制的 [ti⁵³dʑie¹³tɕi⁵³] "带子编的背篓"。

5-59 ◆ 弄麻

[tau³¹be¹³ka³¹tɕie³⁵] "三齿铁耙"

　　用于把牲畜圈栏中带草的粪便掏出来沤肥的农具。由带三根长铁齿的钉耙和一根长木柄构成。

5-61 ◆ 保田

5-62 ◆保田

[suo³¹be¹³ka³¹tɕie³⁵] **"九齿铁耙"**

掏圈栏中牲畜粪便的农具，也可以用于捣碎地里的泥土或扒拢柴草等。由带九根短铁齿的钉耙和一根长木柄构成。因牲畜圈栏中的粪便夹杂着长草和草屑，只有用带齿的耙子才能掏出来进行沤肥。

5-63 ◆弄麻

[pu³¹pei⁵³ɬau⁵³lau¹³] **"弯刀"**

砍除柴草的刀具。使用时，双手握着刀柄，弯腰向左侧前方挥动，砍除杂草和小树木等。不装木柄时，用来砍断细的柴火或破篾等。

5-64 ◆弄麻

[pu³¹pei⁵³] **"柴刀"**

破篾、伐木、砍柴用的刀具。

5-65 ◆ 弄麻

5-66 ◆ 弄麻

[plo⁵³zɿ³¹] "锯镰刀"

主要用于收割稻谷、麦子和割草等的刀具。小而轻,刀刃有小锯齿。

[phu³¹liŋ³¹] "镰刀"

主要用于收割稻谷、麦子和割草等的刀具。

[tʂa¹³tau³³] "铡刀"

用于铡断玉米秆或稻草等的工具。把前端有洞、中段有裂口的铁架固定在木底座上,用铁插销把前端有孔的大铁刀安装在铁架上。使用时,把草料放到大铁刀和铁架之间,手握刀柄向下用力压,便可切断草料。

5-67 ◆ 鱼塘

157

5-68◆弄麻

[dʑiu¹³ȵo³³] "马用具"

　　马、骡子或毛驴驮东西时用的所有工具的总称。使用时，一层一层地放到马、骡子或毛驴的背上。

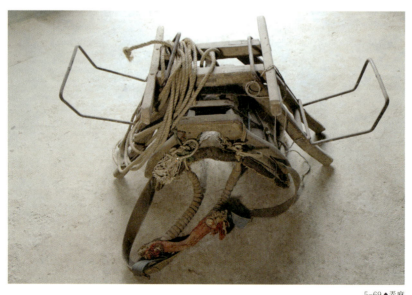

5-69◆弄麻

5-70 ◆ 弄麻

[pu³¹suo³⁵ɲo³³] "马棕垫"

直接放在马、骡子或毛驴背上，以免马鞍磨伤其背部的用具。用棕皮纤维制成。

[m³¹tɕia³¹ɲo³³] "马架"

安放在马鞍上，便于绑 [na³³ɲo³³]"马篓"、"粪篓"、[m³¹tɕia³¹tɕie⁵³]"铁架"或所驮东西的用具。"铁架"是用钢筋焊接而成的用具，套放在"马架"上，可以放更多东西，也可方便捆绑。

[ŋan³³kho³³] "马鞍"

架在"马棕垫"上，便于安放"马架"的用具。

5-71 ◆ 弄麻

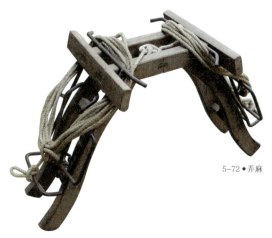

5-72 ◆ 弄麻

5-73 ◆大水井

[ŋa³³ŋo³³] "马篓"

用马驮物时，装东西的篓子。竹篾编制。使用时，用绳索绑在"马架"上，里面再装上东西。

[çi³¹ko¹³li⁵³] "麻绳"

捆绑东西的绳索，用麻纤维编成。现在多被尼龙绳取代。

5-74 ◆弄麻

5-75 ◆弄麻

[plo³¹tshη³¹tsuan³³] **"抹泥刀"**

砌砖墙时，泥瓦工抹泥灰、勾缝隙的工具。

[plo³¹tau³⁵tʂʅ³¹tsuan³³] **"泥刀"**

砌砖墙时，泥瓦工铲起、抹平灰浆的工具，也可以用来敲断砖头。

5-76 ◆弄麻

[sʅ¹³pu³¹laη⁵³tɕiaη³³] **"浆桶"**

砌砖墙时，泥瓦工装灰浆的工具。

[m³¹tɕia⁵³ka⁵³tsuan³³] **"砖模"**

制砖坯的长方形模子，用厚木板做成。

5-77 ◆弄麻

5-78 ◆弄麻

[ka³¹kəu⁵³m³¹tʂʐ̩⁵³] "角尺"

木工画短线或检验直角的工具。直译为"钩尺",由金属制成。

5-79◆弄麻

5-80◆弄麻

[mi³¹təu³³] "墨斗"

木工确定直线的工具。由墨仓、线轮、墨线和线锥四部分构成。使用时,将线锥固定在木料的一端,拉出穿过墨仓的墨线,牵直拉紧并按压在木料的另一端,提起墨线,弹一下,木料上就出现一条直线。

[ʑe¹³] "锯子"

木工锯断树木或锯开木料的用具。由工字形木框架、绞绳、锯条三部分组成。按锯条长度及齿距不同可分为粗、中、细三种。

5-83◆弄麻

[ka³⁵] "斧头"

木工砍斫木料的工具。斧背呈四方形，斧口呈一字形，刃口较宽大。家用时，主要用于伐木或劈柴。

5-81◆弄麻

[pən³³tsho³⁵] "锛锄"

木工削平大木料的工具。像一把小锄头，其作用相当于斧头。一般用于除去树皮或把大木料加工出大概的轮廓。现已少见。

5-82◆保田

[dʑie³¹dʑie⁵³ʑe³⁵] "钢丝锯"

木工在木板上锯出各种造型图案的工具。锯条为一根带有很多锯齿的钢丝。

5-84◆弄麻

5-85 ◆弄麻

[dʑi³³] "榫凿"

木工打洞、凿眼的工具。根据刃口的不同，可分为两种：一字形刃口的，用于凿方孔；弧形刃口的，用于凿圆孔。

5-86 ◆弄麻

[m³¹thui³¹pau³⁵] "推刨"

木工刨平、刨光木料或在木料上刨出一条槽子的工具。根据刃口和功能上的差异，可分为平刨和线刨等。

[tɕia³¹tɕia³¹ɳo³³] "马架架"

木工加工大而长的木材时所使用的工具。使用时，把木料放置在"马架架"上部"V"形卡口中，使木料稳定，便于加工。

5-89 ◆弄麻

5-88 ◆弄麻

5-87 ◆弄麻

[muo³¹həu⁵⁵ʐe³⁵] "锯锉"

木工锉锯齿的三角棱形工具，后端装有木把手。使用时，把锯锉放在锯齿中，一只手握着木把手，另一只手的手掌压着锯锉的前端，在锯齿中来回锉。

[muo³¹tʂhe³³zau³¹zau³¹] "钻洞车"

木工在木料上钻圆洞的工具。使用时，把钻头压在需要钻孔的位置，双手握着横把手转动，便在木料上钻出一个圆洞。不用时，放在竹筒中。

[muo³¹tɕia⁵³m³¹jau⁵³] "破竹架"

破开整株竹子并使之成为 4 片的十字架形工具。将两截方木条中部都锯出一个与之同厚度、一半宽度深的豁口；相互交叉扣合并压紧，构成一个十字架。使用时，把整株竹子的细端破出十字形缝隙，再把"破竹架"塞入该缝隙，用刀背敲打"破竹架"，一直破到粗端。

[ɬei⁵⁵lu³¹jau⁵³] "破篾"

使用 [thau⁵⁵ɬei⁵⁵m³¹jau⁵³] "篾刀" 把竹片破成很薄的一根根的篾条。一般使用有韧性的青皮篾条编制器具。

5-90 ◆弄麻

5-91 ◆弄麻

[tɕi⁵³n̩a³³kai³⁵] **"编鸡篓"**

用青皮篾条编制鸡篓。

[m³¹tɕia⁵³tɕi⁵³bɿ³¹pɿ³⁵] **"编草席架"**

编草席的木质工具。由一根方木条和六根上端分叉的木齿构成。使用时，把编草席架固定住，六根细麻绳卡在六根木齿中，作为筋条，用糯稻草编成草席。

5-94◆新州

5-95◆坡帽

[ku³¹kei⁵³] **"剃头"**

　　[pu³¹ku³¹kei⁵³] "剃头师傅"用[daŋ³¹jin³¹mi¹³ kei⁵³] "剃头推子"和[pu³¹sȵ³¹to⁵³] "剪刀" [jin³¹mi¹³kei⁵³] "剪头发"。早期，仡佬族山村没有职业的"剃头师傅"，大家相互用镰刀来剃头，基本上都是[ku³¹kei⁵³ləu¹³li³³] "剃光头"。

[daŋ³¹dau³¹həu³⁵] **"织布机"**

　　传统的织布工具。早期，三冲仡佬族自己纺纱、织布和缝衣服。现在，仍然没有专职的[hən³⁵tau⁵³zei¹³] "裁缝"，中老年妇女买布回家自己缝制。

[dau³¹kəu³³ŋ̍⁵³] **"绣花"**

　　用[ple⁵³dau³¹kəu³³ŋ̍⁵³] "绣花针"和[dʑi³⁵dau³¹kəu³³ŋ̍⁵³] "绣花线"在布上绣出各种图案。

5-96◆弄麻

5-97 ◆ 弄麻

5-98 ◆ 弄麻

[dau³¹kəu³³ŋ̍⁵³thi³⁵thi⁵³] **"绣鞋垫"**

用绣花针和绣花线在鞋垫上绣出各种图案。

[pe¹³sɹ³¹ke³⁵] **"缝背带"**

用绣花针和绣花线在土布上绣出各种图案并把几块布缝在一起，做成背带。妇女们几乎都会缝制衣服和背带。[ple⁵³pe¹³zei¹³] "缝衣针"和 [dʑi³⁵] "缝衣线"，是家中的必备品。

[həu¹³tho³⁵] **"磨刀"**

在 [puŋ³⁵həu³⁵] "磨刀石"（一般为砂岩石）上洒些水，双手握着刀片在磨刀石上来回推拉，使刃口变得锋利。

5-99 ◆ 弄麻

中国语言文化典藏

5-100 ◆弄麻

[tsʅ⁵³tiaŋ³³] "小秤"

　　称量 5 公斤以下物品的计量工具。由 [m³¹lu³¹tsʅ⁵³] "秤杆"、[phan¹³tsʅ⁵³] "秤盘"、[m³¹n̠iuŋ¹³tsʅ⁵³] "秤砣"和 [m³¹khəu⁵³tsʅ⁵³] "秤纽"四部分组成。木质或铝质秤杆上有 [to¹³tsʅ⁵³] "秤星"。使用时，把物品放在秤盘里，提起秤纽，前后移动挂在秤杆上的秤砣，使秤杆平衡，根据秤星的刻度，计量物品的重量。

[tsʅ⁵³li³¹] "大秤"

　　称量 100 公斤以下物品的计量工具。由秤杆、秤纽（即秤杆上部的称环）、秤钩、秤环（秤杆前端下部）和秤砣五部分组成。木质秤杆上有秤星。有两个称量等级，重物挂在秤钩上，最大可称量 45 公斤；系在前部秤环上，最大可称量 100 公斤。使用方法同"小秤"。

5-101 ◆弄麻

[da³¹təu³¹be¹³muŋ⁵³sa⁵³] "量米筒"

　　量米或谷物的圆柱形器具。用一节一端带有竹节、另一端开口的竹筒做成。

5-102 ◆弄麻

5-103 ◆弄麻

[suŋ³⁵] **"米升"**

量米或谷物的正棱台形器具。用木板做成。口大底小，容积为一升。

5-104 ◆弄麻

[suan³¹phan³⁵] **"算盘"**

手动操作的传统计算工具。四周是长方形木框，中间是一根横梁，内贯细杆，称为"档"；档上有可以上下拨动的算盘珠。

5-105 ◆弄麻

[m̥e¹³] **"酒提"**

舀酒的器具。用老葫芦做成。在老葫芦上部开一个小口并掏去内里的种子和瓜瓢，晾干后即可使用。也有使用铁皮或塑料做成的 [taŋ¹³tsɿ³¹tɕie⁵³] "铁酒提" 和 [taŋ¹³tsɿ³¹tɕio³³] "塑料酒提"。

5-106 ◆弄麻

[thie¹³mau³³] "铁猫"

捕捉野生动物的铁质夹子。由两根相同的带有铁齿的半圆形钢条、一块圆形铁板和一根链条组成。使用时，放在野生动物经常出没的路上，并用树叶或杂草覆盖，当有动物踩踏到"铁猫"中间的铁板上时，就会触发机关，半圆形钢条就会紧紧夹住动物。现在，人们保护野生动物的意识增强，已经弃用。

[taŋ³¹saŋ³⁵m³¹ɬo⁵³] "老鼠笼子"

诱捕老鼠的铁质装置。由前端带有活动门的笼子和内部的活动机关构成。使用时，用木棒的一端撬起活动门，另一端连接到笼子里的活舌上；活舌上放有花生、猪肉等诱饵；老鼠进到笼子里偷吃诱饵就会触动活舌，使木棒上扣挂活舌的绳子脱落，带动笼子前端的门掉落下来，把老鼠关在笼子里。

[tʂaŋ³⁵laŋ⁵³la³⁵] "火药盒"

装火药的盒子。用牛角做成。牛角后端的粗口处用一小块木板封堵住；前端小口处安装一节细竹筒，既是塞子，也是装火药的工具。猎人用猎枪打猎物时，用火药盒备上火药并把火药装到枪管中去。

5-108 ◆弄麻

5-107 ◆弄麻

5-109 ◆ 弄麻

[zo³¹ŋai³¹] "放牛"

上午，把牛赶到山上，不用看护；傍晚，再呼唤或驱赶牛回到路边，赶回家。牛脖子下挂着一只铃铛，牛吃草或摇头时会发出"叮叮当当"的响声，主人就能根据响声找到牛。[zo³¹mei³⁵] "放羊"与此类似，但要有人看护。

[mai³¹mei³⁵] "喂羊"

给羊喂饲料。添加适量的食盐，羊更喜欢吃。图5-111中，喂羊人在往水泥羊槽中添加食盐。养羊是当地主要经济来源之一。羊也作为礼物送人。很多人家都养黑山羊，当地人认为这种羊肉做出来口感好。

5-111 ◆ 大水井

中国语言文化典藏

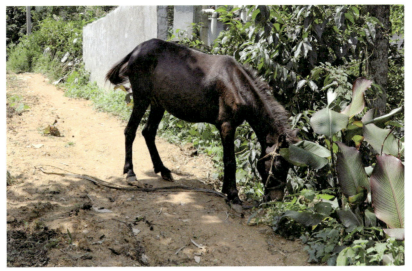

5-110 ◆弄麻

[dzu¹³n̥o³³] "套马"

用一根大约 10 米长的绳子把马、骡子或毛驴拴住，让其在以绳子的长度为半径的范围内找草吃。马、骡子或毛驴不能散放，要拴绳限制，否则，就会跑得很远而难以找回来，所以称为"套马"、[dzu¹³luo³¹tsʅ³³] "套骡子"、[dzu¹³mo³¹li³³] "套毛驴"。

[mai³¹mau³⁵] "喂猪"

用米糠、玉米和各类植物的茎、叶（统称猪菜）等饲料喂养猪。养猪售卖是很多家庭的主要经济手段之一。亲戚家有婚丧嫁娶、建新房等大事时，猪也作为礼物送人。当地几乎家家户户都养黑土猪，当地人认为这种黑猪肉比市场上卖的白猪肉好吃，没有腥味。

5-112 ◆保田

隆林仡佬语　伍·农工百艺

5-113 ◆ 弄麻

[dau³¹tei³³] "做豆腐"

　　把黄豆加工成豆腐的活动。过程为：[zau³¹tei³³] "磨黄豆"，即用石磨把洗净、浸泡好的黄豆磨成带渣的豆浆；[piaŋ⁵³tei³³] "挤豆浆"，即挤压布袋，把豆浆和豆渣分离开；[taŋ³¹tei³³] "煮豆浆"，即用微火慢煮，直到豆浆熟透，无生豆味，表面结上一层豆油皮；[ka³¹ŋ³¹pla³¹] "冲浆"，详见图5-114。几道工序后，即成水豆腐，可单吃，也可与其他配菜一起加工出多种菜肴。

5-116 ◆ 弄麻

[tɕia⁵³tɕia⁵³tau¹³tei³³] "豆腐箱"

　　做豆腐时，使水豆腐成型的工具。用四块木板拼接成四方形木框。使用时，把豆腐箱放在"晒簸"里，上面铺一块白棉布，把水豆腐舀到白棉布上，再把露在豆腐箱外面的白棉布折叠后盖在水豆腐上，用木板及石块压制，使水沥出，水豆腐即成为豆腐。

5-114 ◆弄麻

[ka³¹ŋ³¹pla³¹] "冲浆"

豆浆烧开后，待其冷却到 80℃左右，用两只桶舀起来。把适量的石膏粉加水搅拌后倒入锅中。两人拎起豆浆桶，同时从两边冲入锅中，使石膏水与豆浆充分混合。再用温火慢煮，用锅铲慢慢在豆浆表层滑动，注意豆浆的变化。如果没有充分凝固，就再添加适量的石膏水。

5-115 ◆弄麻

[khau³³piau³⁵] "烤酒"

　　将发酵后已出酒酿的醅倒入大锅中；用 [ka³³khau³¹piau³⁵] "天锅" 罩着醅，并在 "天锅" 中放入凉水（不断更换，保持较低水温）；加柴火烧，使醅中的酒精、芳香和醇甜物质等有效成分升为蒸气；蒸气遇到 "天锅" 的凉锅底，便凝结成液态的白酒，从酒槽中流出。

[wo³¹piau³⁵]"发酵"

把米饭、玉米饭或芭蕉芋等酿酒原料蒸熟或煮熟，摊开使之变凉；再均匀地拌上 [la³⁵pən⁵³]"酒药"；装入塑料桶或发酵坛中，盖严实，待其产生酒。

5-118◆弄麻

[i³¹piau³³mai³¹mau³⁵]"喂猪酒糟"

烤酒后的残渣可以直接喂猪，也可以加入猪菜一起煮熟，之后再喂猪。

隆林仡佬语 伍·农工百艺

177

[ka³³khau³¹piau³⁵] "天锅"

　　烤酒的铁质工具。上部是一个锥形底的锅，用以盛凉水；下部是一个下口略小于大锅口的上小下大的空心圆台；圆台内锥形锅底下安有一个酒槽，其前端小口露在圆台外，用来接取蒸馏出来的白酒。使用时，罩在装有醅的大锅上。

5-120◆弄麻

[pləu³⁵di¹³mi³³] "采茶"

　　在 [bɿ¹³dʐau³¹di¹³mi³³] "茶山" 上用手采摘茶树上的茶叶。刚采摘回来的新鲜茶叶称为 [di¹³mi³³de¹³] "鲜茶"。

5-123◆鱼塘

5-121◆保田

5-122◆保田

[na³¹khau³³piau³⁵] "酒甑"

用以烤酒的传统木质工具。用木板做成一个上小下大、贯通的空心圆台，内安酒槽。烤酒时，罩在装有醅的大锅上，其上部还要架一口锅底干净的用以盛凉水的锥形底铁锅。

[luo¹³tuo³¹piau³⁵] "酒槽"

烤酒时，接凝结成液态白酒的传统木质工具。安装在"酒甑"的空心圆台内、锥形锅下面。当酒蒸气遇到温度低的锥形锅底时，就会凝成液态并沿着锅底面流到锅底的锥尖，再滴落到酒槽中并从其小口中流出。在酒槽口，用酒桶或酒坛接取流出的白酒。接取时，要采用掐头去尾的方法除去蒸馏出来白酒的杂质和水分。

[kei³⁵di¹³mi³³] "杀青"

绿茶制作中的第一道工序。直译为"炒茶叶"。从一端口把"鲜茶"均匀推入缓慢转动的高温炉筒中，经过一段时间的烘炒，从另一端口撒落出来。通过高温烘烤，蒸发部分水分，使鲜叶变软，便于揉捻成型，同时能够散发鲜叶的青臭味。

5-124◆鱼塘

[ɬa⁵³di¹³mi³³] **"揉茶"**

　　绿茶制作中的第二道工序。把"杀青"后的茶叶放入揉茶机中揉捻，使之基本成为条形，让茶汁渗出。刚揉过的鲜叶要放入簸箕中摊晾并拣出老茶叶和杂物。

[ʐ̩³³di¹³mi³³] **"烘茶"**

　　将揉过并摊晾后的茶叶放入烘干机的网框中烘烤，直至干燥。

中国语言文化典藏

5-127 ◆鱼塘

[ka⁵³m³¹plo³⁵] "捕鱼"

　　将 [vaŋ⁵³me³¹m³¹plo³⁵] "渔网" 放入池塘中，上端漂浮，下端沉底，截断鱼的通路。捕鱼人撑着 [da³¹duo³¹ka⁵³m³¹plo³⁵] "渔船"，用竹竿击打水面，使鱼游动起来并撞到渔网上被网缠住；收起渔网，用手摘取缠在网上的鱼。

隆林仡佬语　伍·农工百艺

5-128◆鱼塘

[lau⁵⁵m³¹plo³⁵] **"鱼捞"**

　　捕鱼的工具。在一个带有长柄的粗铁丝圈上安装一个尼龙网兜，即可使用。

[mai³¹m³¹zๅ³¹] **"养蜂"**

　　把自制的 [thuŋ³⁵m³¹zๅ³¹] "蜂桶" 放在有水的平顶上或房檐下，蜜蜂在蜂桶内筑蜂房，将山野中采回的蜜糖存放在蜂房中。每年或几年后，人们就割取蜂房，挤出蜂蜜。蜂桶是自制的空心圆桶或长方体木盒，其一端挖一个小洞，让蜜蜂能够进出。

5-129◆大水井

5-130 ◆弄麻

[lin³³muŋ⁵³] "碾米"

　　用碾米机把稻谷加工成大米和米糠。图中是碾米和磨玉米粉的机器，右边高起的是碾米机，左边低矮的是 [daŋ³¹lin³³tɕhi³⁵] "磨玉米粉机"。几乎家家户户都有这种机器，代替了早期的碓，也承担了石磨的部分功能。

隆林仡佬语　伍·农工百艺

183

　　三冲仡佬族很多家庭之间都有亲戚关系，甚至整个村寨的人都是亲戚。民风淳朴，关系和谐。人们过着日出而作、日落而息的传统农耕生活。除了农作物种收两季稍微繁忙之外，平时，男子主要是打柴、做农活等；女子主要是打猪菜、放牛羊等。喝酒聊天成为日常生活必不可少的组成部分。家里来客人时，都会至少端出日常的三样菜：熏肉、[luŋ³¹suo³¹o³¹]"淡菜"和辣椒。酒是一定要喝的，一般至少要喝两三碗。闲暇时，大家围坐在桌子旁或火塘边，边喝酒边聊天。如果村寨里某家有喜庆之事，一般都会去喝酒。吃的是流水席，因为陆陆续续有客人来，所以不断地添加菜肴，常常从上午喝到深夜。如果临时有事，就回家去做事；事情做完了，再回来喝酒聊天。宴席中有邀请客人一道夹菜、吃菜和给德高望重的长者或客人敬鸡头、鸡大腿的习俗。长者剥开鸡肉，让大家一起来看鸡头骨、鸡腿骨或鸡舌软骨的"卦象"。其实，也没有多少人真的相信，主要是增添喝酒时的欢乐气氛。大家说着、笑着，彼此交流、放松身心。在宴席上，特别尊重长辈。安排席位时，男性长者坐在堂屋正中神龛下的主位上，其

他客人可以随便就座；家庭主妇一般坐在离火塘或 [na³¹m³¹tai⁵³] "饭甑"较近的位置，便于为老人、客人添饭。喝酒时，男人们偶尔会划拳助兴。

旧时，儿童游戏活动比较丰富，有捉迷藏、丢手绢、摔跤、打陀螺、跳房子等。15岁上下的男孩喜欢玩骑马的游戏，即骑在马背上上下山坡。因为仡佬族的马不是交通工具，而是驮运东西的运输工具，所以很多马不让人骑。比赛时，孩子们抓住马鬃毛，骑到马背上去，马就会跳起来，人要在马背上不被马摔下来是很困难的，要骑着上下山坡，那就更难了。现如今，很多传统的游戏及玩具已逐渐被一些现代的游戏及玩具代替。孩子们除了上学，回家基本上就是看电视。

每逢赶集的日子，妇女、孩子和老人们常常到德峨镇等集市去赶集。吸烟的人很少，少数老年男人吸水烟筒，青年人抽卷烟。

[pai⁵⁵da³¹dʐuo¹³zai¹³] "长桌宴"

　　在建房起屋或红白喜事等重大活动时，来客很多，人们便把很多张桌子拼在一起或用木板搭成很长的桌子。把相同的几组菜分开摆放在长桌的不同位置，大家围坐在一起喝酒、吃饭和聊天。

6-2◆弄麻

[au³⁵piau³⁵] "斟酒"

　　用酒提舀起酒桶中的白酒并倒入酒碗中。

[juo⁵³haŋ³¹piau³⁵] "约酒"

　　邀请客人一道喝酒或劝客人喝酒。邀请客人夹菜、吃菜，称为 [te³¹luŋ³¹ha³⁵] "约菜"。当地有喝酒的习惯，节庆日、宴请活动或平时相聚等大家都喜欢喝酒。

隆林仡佬语　陆·日常活动

6-4◆弄麻

[faⁿ³³tɕhin³⁵] **"划拳"**

又称 [tsheⁿ³³tiⁿ³¹laŋⁿ⁵³] "猜数字"，是饮酒时助兴的游戏。两人同时伸出手指并各自说出一个数字，谁说出来的数字跟两人所伸手指的总数相符，谁就获胜，输的一方就要喝一杯酒。划拳的口令是 [muoⁿ³¹tɕiuⁿ³⁵muoⁿ³¹, tʂauⁿ³⁵laŋⁿ⁵³muoⁿ³¹] "来就来，七个来"，数字"七"可以根据情况变换。

6-6◆弄麻

[haŋ⁵³daⁿ³¹dəuⁿ³¹ke³⁵] **"吸水烟"**

用水烟筒吸烟。从盒子或袋子中取少量的烟丝，揉进水烟筒的烟窝中抽。水烟筒是用几节稍粗的竹子做成的，内部装水。

[tu³¹kuŋ³³ki³¹lu⁵⁵] "上座"

神龛前的座位。仡佬族有尊敬长辈的传统。宴席中，长条形方桌纵向摆放，靠近神龛的位置是上座，一般安排长者就座。

[sei³⁵tau³⁵] "篦子"

用竹子制成的中间有横梁、两侧有密齿的梳头用具。主要功能是刮去头皮屑和藏在头发里的虱子。随着环境的改善和生活水平的提高，其功能已经逐渐丧失，当地已经很难找到。

6-8◆新州

[laŋ³⁵mi¹³kei⁵³] "梳髻"

统称 [sei³⁵kei⁵³] "梳头"。中老年妇女用 [sei³⁵] "梳子" 把头发梳到脑后，然后盘起来。以前，多用 [m³¹pei³¹ze⁵³] "簪子" 插住；现在多用发夹夹住或用橡皮筋、丝带扎住。青年妇女多梳成松马尾，少数留披肩长发。

6-7◆弄麻

[vai⁵³dʐ̩³⁵] "赶集"

根据当地集市的时间安排，到集市上去买卖东西。到了赶集的日子，村里人常到德峨镇的集市去买卖东西，也有不少人到县城去购物。

6-10◆弄麻

[ka⁵³phai⁵³] "打牌"

　　当地人把所有与扑克相关的游戏活动都称为"打牌"。打牌的具体方式用当地汉语方言来表达。平时，没有见到有人打牌，只是在婚丧嫁娶的闲暇时人们才娱乐一下。

[dʑie³¹piu³³] "秋千"

　　游戏用具。将一根短木棒的两端用绳索悬挂起来，人坐在横木上前后摆动。

6-11◆坡帽

[ka⁵³puŋ³⁵pləu³⁵] "打水漂"

将石片握在手里，在水面上用力甩出，使石片擦水面飞行的游戏。比赛规则是：一比石片飞出的距离，二比石片在水面上跳跃的次数。

[phei³³ʂʅ³¹to³⁵] "拍洋画"

儿童拍打纸片的游戏。道具是印有卡通画的小卡片即 [ʂʅ³¹to³⁵] "洋画"，与"纸"同音。

隆林仡佬语 陆·日常活动

6-15◆保田

[da³¹təu³¹ka³¹m³¹tai⁵³] **"树皮喇叭"**

用 [m³¹pei⁵³] "灰烟树" 树皮制作，可以吹出声响的玩具。制作方法：砍一棵直径约5厘米的"灰烟树"，取其约50厘米长的一截；按照约5厘米的宽度用刀旋转着斜切并剥下树皮，把树皮卷成喇叭筒。再取一截约3厘米长的嫩枝；用刀背敲击嫩枝，剥下树皮；用牙齿咬树皮的一端，使其软到可以吹响的程度，做成口哨并安装到喇叭筒上。

6-16◆弄麻

[da³¹təu³¹phzi⁵³ŋ³¹] **"竹水枪"**

儿童嬉戏娱乐的玩具。制作方法：选取一节一端带有竹节的竹筒和一根比竹筒细的竹竿；在竹节上钻出一到三个小孔，在竹竿的一端用棉布缠裹着棉花，做成与竹筒内径大小相当的活塞；将活塞用水沾湿后插入竹筒内。把竹筒有孔的一端放入水中，向后抽动活塞杆，将水吸入竹筒；向前推动活塞杆，水就会从小孔中被挤压出去，射到远处。

[suo³¹pai³⁵m³¹jau⁵³] **"竹枪"**

儿童嬉戏娱乐的玩具。制作方法：在一节长竹筒上开一个装弹槽。使用时，在装弹槽内装上子弹，将子弹从枪管中弹射出去。

6-17◆弄麻

6-18 ◆弄麻

6-19 ◆弄麻

[di³¹to³⁵suo³¹pai³⁵] "纸枪"

儿童嬉戏娱乐的玩具。制作方法：取一节长约 25 厘米的贯通竹筒作为枪管，一些纸团作为子弹。在一节细竹竿的一端用棉布缠裹着棉花，做成一根活塞杆。使用时，将纸团润湿后塞入枪管内并用活塞杆推到竹筒前端；再将另一个湿纸团塞入竹筒内，将活塞插入竹筒内并用手掌猛击活塞杆后端，将前端的子弹挤出。

[di³¹to³⁵feŋ³³tshə³³] "纸风车"

儿童折纸玩具。小孩手举纸风车，迎风跑动，风车就会旋转起来。

[than¹³kuŋ³³] "弹弓"

儿童游戏玩具。制作方法：选取一根 "丫" 字形树杈，在两端各系上一根橡皮筋，两根橡皮筋之间系一块软皮。

6-20 ◆鱼塘

6-21◆弄麻

[vaŋ⁵³bu¹³kai³⁵] "看鸡腿骨卦"

除去大公鸡股骨上的肉，看一对股骨上的孔洞（即针眼大的黑点）的个数，据此来推测财运的好坏。其实也没有多少人真的相信，主要是喝酒时活跃气氛。

[vaŋ⁵³dʐaŋ¹³kei⁵³kai³⁵] "看鸡头骨卦"

直译为"看鸡头盖"。把鸡头皮剥开，看头盖骨的颜色和缝隙等。以前，认为光滑洁白、无裂缝为好；鼻孔上方、头顶、后脑壳等处有红点，且颜色发暗，即不好；若头盖骨大面积发紫、额头发红则为凶兆。现在，已经没有人相信了。

[mei⁵³da⁵⁵da³¹de¹³m³¹piaŋ³³] "戴桃木"

直译为"戴截桃木棒"。把一截桃木棒削成鼓槌状，用带子拴住细的那端，系在婴儿或幼儿的手腕上。当地人认为可以用来避邪。

6-23◆弄麻

6-24◆弄麻

[van⁵³bi¹³muŋ³¹kai³⁵] **"看鸡舌骨卦"**

从鸡舌头上拔出软骨，观察其颜色、形态。以前，据此来推断主家运气的好坏，现在只是为了喝酒时活跃气氛。

[thi⁵³ʂʅ³¹to³⁵: pa³¹kua¹³hu¹³sən³³] **"贴八卦护身"**

乔迁新居时，有的人家在床头倒贴"八卦护身"的红纸条。当地认为可以用来驱邪避鬼等。

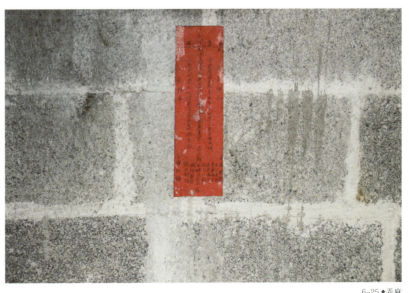

[bɿ³¹tɕin³⁵ga³¹mɿ³¹] "拦鬼镜"

有的人家在大门上挂"拦鬼镜"和一道符咒，认为可以驱邪避鬼、卫家宅、保平安等。

[pzi³¹tau⁵⁵ga³¹mɿ³¹] "拦鬼剪刀"

有的人家在大门上挂一面镜子和一把剪刀，认为可以驱邪避鬼、卫家宅、保平安等。

中国语言文化典藏

[ba³¹ma³¹] "保爷"

当一户人家遇到儿子多病难养时，就寻找一位多子且德高望重的男性作为"干爸"即"保爷"。有两种方式：一是 [hi³⁵ba¹³ma³¹] "找保爷"，即请风水先生根据小孩的生辰八字推算出"保爷"所在的方位和标准等，父亲就根据这些信息去寻找，找到合适的人选后，再征得对方的同意；二是 [ŋ̍³⁵ba¹³ma³¹] "等保爷"，即在神龛上摆放一碗酒，等着来到家中的第一位已婚男子，喝下这碗酒，就说明这位男子同意当孩子的"保爷"。确定后，主家再带上礼物去请"保爷"到家里来，办上一桌酒，邀请亲朋好友来喝酒并确认"保爷"的身份。图6-28中，坐在上方的那位长者就是"保爷"。

柒·婚育丧葬

　　1949 年前，主要是包办或半包办半自由的婚姻；1949 年后，提倡婚姻自由，但须得到父母和家族的认可，遵循"同宗不娶，异姓开亲"的婚姻制度。传统婚俗有接酒、吃鸡酒、吃猪酒、取八字、结婚酒等环节。

　　如果男方家相中某家女儿，便请媒人带上两瓶酒和糖果等礼物到女方家去提亲，女方家备酒菜并邀请叔伯兄弟等人作陪。酒至半酣，媒人试图打开其中一瓶，借此试探女方家的态度。如果女方不介意喝这瓶酒，则表明同意这门亲事；反之，则不同意。订婚时，男方媒人带两只大公鸡和几公斤酒等礼品到女方家，请女方叔伯兄弟、舅公、外公等人吃鸡酒，以此确定两家的姻亲关系。在商定结婚所需的彩礼、衣物、首饰、酒肉等以及取八字之日，媒人领着男方家的人挑着一整头猪的肉和几十斤酒等礼品到女方家，请女方家的叔伯兄弟、舅舅、姑姑等吃猪酒。取回生辰八字之后，男方请先生根据生辰八字推算结婚日期。确定日期之后，媒人再拿一瓶酒到女方家告知结婚的

时间。结婚前一天，男方家把结婚所需之物送到女方家。

　　丧葬仍遵循古礼。父母病危时，儿女回家照料并告知亲戚。临终前，儿子给老人喂饭，让其不饿着肚子"上路"。老人咽气时，家人朝天放三铳报丧，现在是放炮仗。儿女将亡人安放在稻草上，为其用热水净身，并穿上寿衣、寿鞋，缚住双手和双脚。孝子请丧偶的人捏死 [kai³⁵hei³⁵be¹³]"断气鸡"，做好 [muŋ⁵³li⁵³]"午饭"。当日，择吉时入棺，用瓦片从两边支撑亡人头部，盖上"白孝布"，撒上黄豆等，在亡人左手中指上拴一根 [ɕi³¹tɕio³¹sən³⁵]"交牲绳"并使绳子延伸到棺外。盖棺后，杀一头 [mau³⁵hei³⁵be¹³]"断气猪"，在棺前祭献后用于招待客人。出殡下葬活动从凌晨开始，天快亮时棺材出门。葬后的第三天为"三朝"，孝家到坟前祭奠。此后三年内，后人不能到坟墓前，更不能动坟上的泥土，三年后，进行清坟。

7-1 ◆ 弄麻

[kau³¹piau³⁵kɿ³¹lu⁵⁵] **"敬祖"**

请媒人之日，男主人要在神龛前祭祖并告知祖先请媒人说亲之事。在供台上摆放两碗酒，等待媒人到来。结婚当日，男女双方都在自家的神龛前祭祖，与请媒人不同的是还要摆饭菜。敬酒时告知祖先孩子结婚之事，向祖先许愿，祈求保佑。

[suŋ³¹sɿ³¹] **"礼品"**

男方让媒人送到女方家的礼物，其中一定要有两瓶酒。出发前，把准备好的礼物摆放在神龛前的供桌上。

7-2 ◆ 弄麻

[hi³⁵pu³¹dʑiu¹³dʐo³¹] **"请媒人"**

主家敬媒人酒。媒人到来后，男主人与媒人各持一碗原先摆放在供台上的酒，并在神龛前一道喝完。

[pu³¹dʑiu¹³dʐo³¹] **"媒人"**

男方请村中有威望且双亲健在的男人或妇女做媒。图7-4为媒人拿着礼品到女方家去提亲，男青年提着礼品紧跟其后。现在，虽然提倡自由恋爱，但仍然讲究明媒正娶。要有媒人登门说媒，牵线搭桥，传递男女双方的信息。

隆林仡佬语 柒·婚育丧葬

7-5 ◆弄麻

[dau³¹dʑiu¹³dʐo³¹] "说媒"

　　媒人到了女方家，女方请自家的叔伯兄弟等亲戚来喝酒。酒席中，媒人表明意图，介绍男方情况，问女方父母是否愿意把姑娘嫁给某家的男孩子。媒人把从男方家带来的红包发给女方的父母和叔伯兄弟等。

[ŋ³¹kun¹³suŋ³¹sʐ³¹a³¹] "拒礼"

　　如果女方家不同意，就会拒绝收取男方家送来的所有礼品。媒人第一次上门时，女方家一般都会"拒礼"，有的不是表明拒绝这门亲事，而是以此体现一女难求。

[n̥o⁵³dʐʅ³¹] "回话"

　　媒人从女方家再次回到男方家，告知男方家主女方家的态度和提出的要求等。男方家则备办酒菜招待媒人，以示答谢。

7-7 ◆弄麻

7-8 ◆弄麻

7-6 ◆ 弄麻

[ŋ̥³¹kun¹³piau³⁵] "接酒"

酒至半酣，女方已清楚了媒人的来意及男方家的情况。媒人就试图打开从男方家带来的一瓶酒，请女方的父母和叔伯兄弟等喝。如果女方不阻拦，就表明同意这门亲事。一般情况下，即使男女双方已经恋爱，媒人第一次上门时女方家也不同意喝这瓶酒，以示女儿金贵、难求。只有在媒人三番五次上门之后，才同意接酒。

[ɬa⁵³] "包袱"

以前，结婚当日，男方媒人把女方家要求的衣服、首饰、红包等彩礼用包袱包好。出发前，放在男方家的供桌上，然后同接亲队伍一道，由媒人带到女方家。

7-9 ◆ 保田

[ga³¹haŋ³¹piau³⁵] "拦门酒"

结婚当日，男方派出接亲队伍去接新娘。女方家在门口方桌上摆放四碗酒，接亲人喝完酒后才允许进屋。新娘出门前，也在大门外方桌上摆四碗酒，女方亲戚拦着媒人向他要红包并请他喝酒。到男方家后，门口的方桌上也摆八至十碗酒，送亲的兄弟姐妹喝完后才允许进门。现在，多为接亲和送亲双方在喝拦门酒时相互比拼，看哪一方喝得多，就表明其实力更强。图7-10为室内拦门酒，男方要接新娘，男女双方在比拼喝酒。

[muo³¹le³⁵a³³] "新娘"

以前，结婚时，新娘要穿专门缝制的民族服装。身穿绯红或蓝、青、绿等颜色的大襟上衣和黑色宽腰、宽腿的裤子，头戴黑色的头帕。也可向七八十岁高龄老人借用老人寿服，以寄托婚后长寿幸福的愿望。现在，多穿现代的婚服。

[pu⁵³du³¹ti³³] "背新娘"

以前，新娘出门，在跨出门槛时，脚不能碰门槛及门框。由哥哥背着送出家门并扶上马，交给媒人和接亲人照料。现在，新郎也可以自己背新娘出门并直接送到接亲花车上。

[pu³¹dʐau³⁵a³³] "**新郎**" | [li³¹hən³⁵tau³¹ti³⁵] "**伴郎**"

　　按习俗，以前结婚时，新郎要穿专门缝制的民族服装即唐装。结婚仪式中伴郎陪伴在新郎身边。

[bɿ¹³mən³¹lin³¹] "**门帘**"

　　[ki³⁵to⁵³a³³] "新房"的房门上挂新娘手工绣的专门在结婚时用的门帘。门帘上的图案是牡丹花、鸳鸯、麒麟、喜字、福字等。

二 丧葬

7-15 ◆弄麻

[ho³³m³¹tai⁵³] "寿木"

　　放置遗体的棺材。人一进入50岁就属于老人了，儿女们要为老人准备棺材、缝制寿衣。棺材以杉木或泡桐木为材料，表面涂生漆，存放在阁楼上，以备后用。

[pu³¹fe³¹hɪ³⁵muŋ⁵³] "做道场"

　　办丧事过程中，很多环节（入棺、吊孝、出殡等）风水先生都要做道场。在供桌上点一盏茶油灯，摆上饭菜，风水先生端坐在桌子后方，一边反复地斟酒，一边口诵祭祀词。孝男跪于棺前，孝女蹲于棺侧哭泣。诵念祭祀词使用本地仡佬语。当地人认为，用本地仡佬语诵念，祖先才能听得懂，才能把亡人送到祖先那里。

7-16 ◆弄麻

中国语言文化典藏

[vaŋ⁵³tha⁵³] "看坟场"

老人习惯于生前为自己选择墓地，并将地点告诉子女。若没有选择，去世后，儿子就请风水先生根据亡人的出生和死亡日期、时辰及年龄推算出最适合安葬亡人的方位，再带着一班人和罗盘到该方位的山上去寻找适合安葬的地方作为墓地。

[tin⁵³tha⁵³] "定墓地"

在确定墓地的位置后，撒下一些米，焚烧一些纸钱，点上三炷香。当地人认为，这样就向土地神"买"下了这块地，再用罗盘确定棺木下葬方位。

7-18◆弄麻

隆林仡佬语　柒·婚育丧葬

213

[paŋ⁵³maŋ⁵³] "帮丧"

任何一家办丧事，每家每户都送些柴火、鸡、白酒等丧礼给孝家并来帮忙做事。俗语有：[piau³⁵pla³¹tɕhin³³a³¹kei³¹muo⁵⁵a³¹, piau³⁵vu³¹tɕhin³³a³¹sɿ³¹kei³¹muo¹³m³¹tai⁵³.] "红事不请不来，白事不请自到。" 意思是婚嫁这类红喜事主人家不请，可以不去；丧事这类白喜事，即使主人家不请，也要去参加。图7-19为邻家送来柴火，账房在 [tsɿ³¹ma³¹aŋ⁵³] "称柴火" 并做好记录。

[tshɿ³¹həu³⁵pla³¹] "做寿带"

把整块红布撕成短布条，挂在屋外的某处。由吊丧的人自取，戴在手腕上，以期高寿。

7-21◆弄麻

[pla³¹fei³⁵] "守灵"

孝子守候在棺材旁,时刻关注着棺前的香火和棺下的茶油灯,不让其熄灭。直译为"守夜"。夜晚安排人守灵堂。祭祀、吊孝之日,孝家日夜铙鸣鼓响,唢呐高奏,陪伴亡灵。图7-21中,棺材下点着一盏在出殡之前都不能熄灭的茶油灯,孝子在添加灯油、拨灯芯使其更亮;棺材上盖着一床女儿送的绣着"寿"字和精美图案的 [ka³¹te³¹kaŋ³³m³¹tai⁵³] "盖棺被"。

[ka³¹te³¹dʐo³³] "孝被"

女儿送的红绸缎做被面、白布做被里的被子和至亲送的一块红布称为 [ka³¹te³¹dʐo³³pla³¹] "红孝被"。红绸缎被面上绣有花草、福和寿等图案,亡人入棺后,盖在最上面。亲友送的一块白布称为 [həu³⁵vu³¹] "白孝被",也称"白孝布",盖在"红孝被"下面。

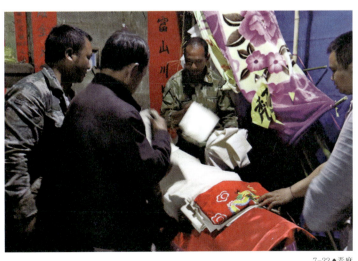

7-22◆弄麻

7-23 ◆弄麻

[kai³⁵hei³⁵be¹³]"断气鸡"｜[muŋ⁵³li⁵³]"午饭"

老人去世当天，孝子专门邀请"只有一只手了"（指配偶已经不在了）的人来捏死的一只半斤左右的小公鸡。小公鸡煮熟后与现煮的一碗糯米饭即"午饭"一起放入 [n.iuŋ⁵³pu³⁵ɲai³¹]"牛嘴套"中，挂在棺材后的墙壁上，寓意让亡人在去祖先那里的路上吃。出殡时，用筛子或小晒箕装着"断气鸡"和"午饭"及香、纸钱等，让捏死小公鸡的人端着送到坟场，安葬亡人后，放于坟前。

[kaŋ³³kɿ³¹lu⁵⁵]"蒙牌位"

在老人去世当天，孝子派专人请风水先生来推算出殡的日子并用黄表纸蒙起神龛上的"天地君亲"四个字。

[phən³³tʂha³¹ɕiaŋ³⁵]"插香盆"

放在灵柩前，用于插香的一只装有草木灰的盆。

7-25 ◆弄麻

7-24 ◆弄麻

[ɬa⁵³ɕi³¹thau³¹tʂo³⁵]"编套耳绳" │ [ɬa⁵³ɕi³¹tɕio³¹sən³⁵]"搓交牲绳"

用糯稻草芯编制 [ɕi³¹thau³¹tʂo³⁵]"套耳绳"。把糯稻草芯搓成"交牲绳"。[tɕio³¹sən³⁵]"交牲口"时，把"套耳绳"套在敬献的活牲畜的耳朵上，并用"交牲绳"连接敬献的活牲畜、家禽和棺材外的草绳，或将"交牲绳"绑在棺材上。

[tɕio³¹mau³⁵hei³⁵be¹³]"交断气猪"

老人去世当天，入棺之时，孝家所杀的一头敬献给亡人的猪，称为"断气猪"。杀猪之前，在猪耳朵上套上"套耳绳"，并把猪连接到"交牲绳"上，孝男跪于棺前，风水先生做道场、诵祭祀词，向亡人敬献，称为"交断气猪"。这头猪，只用来招待客人和帮丧的人，孝男、孝女忌食。也有的是在举行丧礼的前一天、风水先生正式到来之后，孝家向亡人"交断气猪"。

7-28 ◆ 弄麻

[mo³¹ɕiaŋ³⁵dʑiu¹³mi⁵³] "吊丧"

　　直译为"烧香磕头"。出殡的前一天，亲朋好友携带丧事礼品前来吊唁。以每户众亲朋为单位，先到先吊丧。男性在灵柩前行跪拜礼、焚烧 [sɿ³¹to³⁵pzi³¹] "黄钱纸"、敬三炷香；女性到灵柩侧扶柩痛哭。

中国语言文化典藏

7-29 ◆ 弄麻

[tɕi¹³tʂaŋ³⁵] "祭幛"

吊丧时，亲朋送来的挽幛。通常是一块白棉布或花绸布等，也有的是一床床单或毛毯。撑开，挂在高高举起的竹竿上，独立成幅，上面有挽词。进屋后，放到灵堂中的棺材旁。

[phei⁵⁵dʑiu¹³mi⁵³] "谢孝"

直译为"陪磕头"。每当亲友进屋吊丧，孝子在棺前下跪还礼，孝女扶棺痛哭，以示对吊唁者的感谢和对亡人的哀思。

7-30 ◆ 弄麻

[ɕiaŋ³³pzi³¹bu³¹kei⁵³sən³⁵] "香烫牲口头"

"交牲口"时，用香火烫一下大牲畜的头部，表示牲畜交给了亡人。

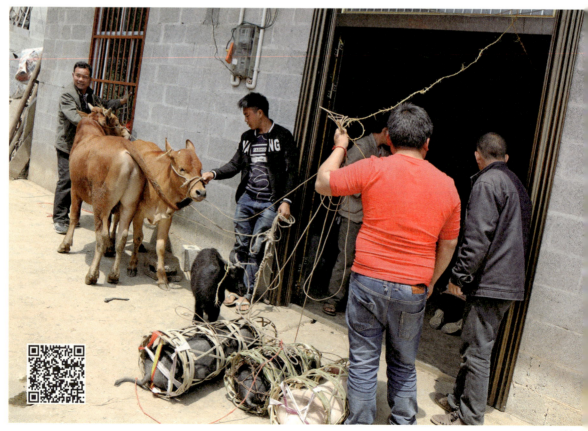

[ta³⁵çi³¹thau³¹tʂo³⁵] "套牲耳"

"交牲口"时，把"套耳绳"套到牲畜的耳朵上。图7-32是在给一只白猪的耳朵上套"套耳绳"。

7-32◆弄麻

[tçio³¹sən³⁵] "交牲口"

图7-33为丧葬时"交牲口"。吊丧时，以每户亲朋为单位，逐户向亡人"交牲口"。把牛羊和用笼子装的猪和鸡摆放到大门口，用"套耳绳"套着牲畜的耳朵并把拴牲畜、猪篓和鸡篓的绳子连接到"交牲绳"上。风水先生做道场，用当地仡佬语口诵"交牲口"祭祀词，意思是某某人给亡人送来了多少牲畜和家禽，望亡人带去安排好自己的生产和生活。图7-34为清坟时"交牲口"。长子上香之后，亲朋好友送来的猪、羊、鸡等活的祭品都送到坟头墓碑前，告诉先人，让其接受。同时给先人斟酒、燃放鞭炮等。

7-34◆弄麻

[zən³¹sən³⁵] "杀牲口"

　　"交牲口"之后，宰杀掉所有敬献过的牲畜和家禽。图7-35为丧葬"交牲口"之后，宰杀敬献的黄牛；图7-36为清坟"交牲口"之后，在坟前宰杀所有祭祀用的牲畜和家禽。

中国语言文化典藏

[ɲiaŋ⁵⁵pla³¹tɕie³¹] **"血套耳绳"**

[ɲiaŋ⁵⁵pla³¹sɻ³¹to³⁵] **"血纸钱"**

"杀牲口"时，用"套耳绳"和"黄钱纸"蘸取少许所杀牲畜和家禽的鲜血，并放置于棺材前，待谢宴前焚烧给亡人。

7-37 ◆弄麻

[thaŋ³¹tɕi¹³] **"堂祭"**

向亡人敬献宰杀后的猪、羊、鸡等供品。以至亲的每户亲朋为单位，逐户进行。把宰杀后的牲畜和家禽洗净，整齐地摆放在棺前的矮桌上。风水先生做道场，用仡佬语口诵"堂祭"祭祀词。孝男和亲朋跪于棺前。"堂祭"祭祀词与"交牲口"祭祀词大同小异。

7-38 ◆弄麻

7-39◆弄麻

[dʐuo³⁵n̠iau³³] **"划肉"**

图 7-39 为"堂祭"仪式完毕后，风水先生用尖刀在"堂祭"的肉上象征性地来回划几刀；图 8-39 为清坟 [fei³⁵ʂu⁵³] "摆牲口"仪式完毕后，主人用菜刀在敬献的牲畜和家禽肉上象征性地来回划几刀，表示所敬献的肉已经交给了亡人或先人。然后，割取每只家禽和每头牲畜的少许内脏和肉，用于谢宴和"野炊"时烧着吃。当地人认为，享用了敬献的祭品可以得到亡人或先人的保佑而健康长寿。再留下一部分用于丧葬和清坟活动中招待客人，大部分肉都让敬献者带回家。

[tau³¹tho³³tʂa³¹ɬau³¹tau³¹khei⁵³] **"谢宴"**

丧礼当日晚上，孝家备好丰盛的菜肴和充足的酒水宴请来客。宴席前，风水先生做道场，所有吊孝的亲友和孝男孝女都参加，男性每人手捧三炷香、低头跪于棺前，女性蹲于棺侧哭泣。仪式后，孝子和亲友焚烧掉棺前所有的"血套耳绳""血纸钱"和"黄钱纸"。

7-40◆弄麻

[dʑin³¹tʂaŋ³⁵m³¹tai⁵³] **"开棺"**

开棺有两次：图 7-41 是出殡前夜开棺，图 7-42 为安葬之时开棺。由风水先生推算，确定出殡前夜的某个时辰，孝子打开棺材，让孝男、孝女与亡人见上最后一面并给亡人 [ɕie⁵³to³⁵li⁵³] "擦脸"、[ɕie⁵³mei⁵³] "擦手"、[au³¹həu³⁵] "盖白孝布"、[tuŋ⁵³ka³¹te³¹pla³¹] "盖红孝被"等。棺材落坑之后，孝子开棺看看遗体在搬运过程中是否发生了偏移；用"黄钱纸"为亡人擦拭脸和手，整理遗容，扶正，将头部支稳，并拿出原先支撑头部的瓦片和 [həu³⁵pei⁵³ŋ³¹] "包魂布"。

7-43 ◆ 弄麻

[ɕie⁵³to³⁵li⁵³] "擦脸" | [ɕie⁵³mei⁵³] "擦手"

出殡前夜，开馆后，孝长子用"黄钱纸"为亡人擦拭脸和手，整理遗容，扶正、支撑头部，解开拴在手指上的"交牲绳"等。

[au³¹hǝu³⁵] "盖白孝布" | [tuŋ⁵³ka³¹te³¹pla³¹] "盖红孝被"

把亲友送来的"白孝布"和"红孝被"整齐地一层一层盖在亡人的身上，同时用 [ta³⁵ɕian³⁵pzi³¹bi³¹hǝu³⁵] "香火烫孝布"一角。盖的顺序是白下红上，最后放入"包魂布"。在盖孝布孝被之前，要仔仔细细地检查每块孝布孝被，忌将任何金属带入棺材里。

7-44 ◆ 弄麻

[kei³⁵ŋ³¹ŋ³¹kai⁵³] "叫魂蛋"

　　风水先生先把小辈的名字写在鸡蛋上；等孝男、孝女盖好孝布孝被之后，风水先生拿着"叫魂蛋"从亡人头部到手部来回慢慢地移动两次，边移动边叫魂；最后，把"叫魂蛋"交给小辈的父母。大人把"叫魂蛋"带回家后，煮给孩子吃。民间认为这样做是把孩子的魂魄叫回来，以免被亡人带走了。

[hi³⁵m³¹tɕiaŋ³¹] "摆夜饭"

　　出殡当日凌晨，给亡人摆的最后一次饭，即 [phei⁵⁵pu³¹dʐo³¹ha³⁵muŋ⁵³ɕiuŋ⁵³] "离别饭"，直译为"陪老人吃早饭"。孝男孝女和所有吊唁的人都参加。风水先生做道场，用仡佬语口诵"摆夜饭"祭祀词。之后，所有人吃早饭，准备出殡。

[tən³³pai³⁵] "火把"

给亡人照路的火把。用一把干竹篾片做成。出殡时，点燃竹篾片，一人手持，走在送葬队伍的前面。

[bzi³¹pu³⁵] "抬棺"

由四至六人从棺材两侧用肩膀直接扛起棺材行进，同时，一手扶着棺材，一手抓住绑棺材的绳索。因山高路陡，另有人在棺材后面牵着一根绑在棺材上的绳子，下坡时，拉紧绳索，以防棺材滑动。

[vei⁵³tau³¹pu³¹dʒo³¹] "送葬"

孝长子肩扛 [kəu³¹ʂ̩³¹to³⁵] "引路幡"走在最前面；拿着"火把"照路的人走在其后；后边是捏死"断气鸡"的人，端着放有香、纸钱和"牛嘴套"（里面装着"断气鸡"和"午饭"）的小晒箕或筛子，边走边 [me³³ʂ̩³¹to³⁵pzi³¹] "撒买路钱"；再后边是扛着"祭幛"和 [dəu¹³sa³¹] "伞"的人；随后是灵柩、哭丧的孝女和送葬的亲友及"帮丧"的人。

[sən⁵⁵lau¹³] "买墓地"

风水先生在墓地边一块空地上烧纸、敬酒并跪着上三炷香。捏死 [kai⁵³ɕie⁵³sən⁵⁵lau¹³] "买地鸡"。拎着这只小公鸡，绕着开挖的墓地转一周；陪同风水先生的人紧跟其后，边走边围绕墓地插一周香。这样，就算"买"下了这块墓地。买地之后，风水先生用柴火烧熟"买地鸡"，大家分而食之并喝酒。

[hai⁵³puŋ¹³]"挖墓穴"

挖掘埋葬灵柩的坑穴。三冲仡佬族仍然实行土葬。灵柩抬到墓地之后，人们按照原先确定下来的方位，顺着山坡开挖墓穴。

[pu³¹fe³¹tʂau⁵⁵daŋ¹³tuo³¹]"风水先生写字"

墓穴挖好之后，风水先生在墓穴内手持几张燃烧着的"黄钱纸"沿着墓穴焚烧一圈，边走边用纸不停地扫动，用当地汉语方言念"扫坑"祭祀词。之后，在墓穴的地面用大米写上"富贵双全"或"荣华富贵"等词语。

7-53 ◆弄麻

[kai⁵³ɕie⁵³pləu³⁵m³¹sa⁵³] "捡米鸡"

吃墓穴中写字所用大米的大公鸡。风水先生怀抱"捡米鸡",用当地汉语方言念着"捡米鸡"祭祀词并不断地把大公鸡的脖子拧向怀中,设法使大公鸡能够按照风水先生的意愿去吃墓穴中写字用的大米。鸡吃了哪个字的米,就预示孝家在哪方面兴旺发达。如果还能在墓穴中拉上一泡鸡屎,那就更好,众人呼"大发,大发",孝家也十分高兴。

7-54 ◆弄麻

[dʑiu¹³puŋ¹³] **"下葬"**

众人合力按棺材尾朝前,棺材头朝后的方向把棺材移到墓穴中去。再进行 [ɕiu⁵³m³¹tai⁵³tɕie³¹] "正棺",微调棺材的方位,使棺材与之前确定的方位一致。

[pu⁵³bi¹³həu³⁵pei⁵³ŋ³¹] **"孝子背魂"**

孝子躬身站在墓穴的前方,双手向后掀起后背上衣,做好兜接的准备。风水先生站在墓穴的后方,将包裹着泥土的"包魂布"从棺材的上方抛到孝子掀起的后背上衣上,孝子兜接住"包魂布"。在他人的协助下,用后背上衣包裹好"包魂布"。一路背着"包魂布"回家,路上不能回头。到家后,将其放入柜子深处,收藏好。三年内不能拿出来或打开。

[phzi⁵³i⁵³kei³⁵ŋ³¹] "撒土驱魂"

风水先生在棺材头前的地面上抓起几把泥土，放入"包魂布"中，再抓起"包魂布"里的泥土从棺材头部一直抛撒到棺材尾部。民间认为这样做可以把亡人后代的魂魄驱赶出来，不要被亡人带走了。

[tshŋ⁵⁵da³¹n̠iuŋ³¹] "做坟墓"

把"引路幡"插在棺材尾部，用泥土把棺木掩埋起来并用石块把坟墓周边垒好。垒坟时，忌使用旧坟已经用过的石块。

降林仫佬语 柒·婚育丧葬

233

[da³¹n̠iuŋ³¹a³³] "新坟墓"

不立墓碑，周边用石块垒起，中间堆土，形成一个高大的土堆。葬后第三天早上，孝男孝女到坟前杀鸡、摆酒菜祭奠。如果安葬当日坟墓没垒好，这一天可以再添土。之后，三年内后人不能再来坟墓前，更不能动坟墓上的土，但每年要在家中给亡人过生日、烧纸钱。第一年，给亡人过生日仍是生前寿日的那天；第二年，往前推一天；第三年，再往前推一天。三年后，由风水先生推算，确定清坟的日子。

[vu¹³mei⁵³khau³³mei⁵³] "洗手熏烟"

安葬亡人后，"做坟墓"的人从坟山上回来，在进入孝家大门之前要先洗手，再用火烟熏烤一下。直译为"洗手烤手"。认为这样可以祛除秽气。

[pu³¹fe³¹ʔe⁵³kɪ³¹lu⁵⁵] "风水先生安神位"

灵柩落葬后，风水先生回到孝家，揭下蒙牌位的黄表纸。在供桌上供奉一只猪头，摆一大碗玉米或稻谷并插上四炷香，摆四碗酒、一碗饭，点一根蜡烛。烧纸、跪叩，请师父来共同安放亡人的牌位。最后，风水先生把猪头带回家祭拜师父。

[hi³⁵muŋ⁵³] "献饭"

亡人上了神龛的神位之后，孝子和至亲在神龛前供桌上摆上饭菜，敬酒祭奠亡人。至此，丧事活动全部结束。

　　一年中，最重要的节日是春节、清明节、祭祖节和尝新节。传统节日与祭祖活动、民族信仰、历史文化有着源远流长的关系。但凡节日都少不了祭祀，重大祭祀也作为节日来过，纯粹的节日或祭祀则几乎没有，两者密不可分。

　　春节前置办年货，打扫卫生，催促出门在外的家人回家过年。从腊月二十开始，择吉日杀年猪，同时 [ŋ⁵⁵bu¹³dzo̩³¹] "接祖公" 回家过年。更换神龛上的条幅，贴对联。熏烤腊肉，舂制 [da³¹daŋ³¹a³³ɕiu⁵³] "辣椒骨"，酿制白酒和甜酒，购买香烛、鞭炮、新衣和糖果等。除夕，祭祖、吃团圆饭。正月初一上午舂糍粑、做糍粑，下午摆糍粑祭祖。从正月初一到择吉日 [ʐuo³¹bu¹³] "送祖公" 之前，每餐都要祭祖。其间，忌扫地。祭祖形式因姓氏不同而略有差别。

　　清明节称为"过三月"。从正月到三月初之间，请风水先生确定清坟日期。清坟时，要 [va⁵³ʂ̩³¹to³⁵] "挂纸"、陪亡人吃饭、[ho⁵⁵bin¹³] "开财门" 等。以前，没有"挂纸"的习俗；现在，也有一些人家在清明前后单独"挂纸"。

　　农历七月十三日称为"过七月"，是专门祭祖的节日，其规模仅次于春节。这一天，外出的人一般都回来祭拜祖先。家家户户杀鸡、买肉，准备丰盛的晚餐，有些人家还专门做豆腐，吃新上市的瓜果、玉米等。七月十四日，在家休息，不做农活；一般不

走亲戚，只是同族之间相互串门喝酒。不能洗晚餐餐具，要留给无后代的死者（即外鬼）"捡吃"。七月十五日仍不下地干活，在家休息、喝酒，过去认为这天是"鬼赶街"，到地里会遇上鬼。

农历七八月庄稼成熟收获之际，按习俗择吉日过尝新节。拜树节和尝新节在同一天举行。节日活动主要有：买黄牛、杀黄牛、分牛心和牛肉，拜树节、尝新节祭祀主祭人（以下简称"主祭人"）迎新祭祖，采新稻谷等。早期，没有固定的日期，根据庄稼成熟的时间来确定。后来，一般在农历七月的第一个"辰日"或在八月的第一个"巳日"举行。因此，有"七吃龙八吃蛇"的说法。现在，隆林各族自治县法定的仡佬族尝新节为每年农历八月初十。近几年，随着旅游业的兴起，在政府部门和仡佬学会的组织下，规模越来越大，又增加了村寨祭祖、民族歌舞表演、民族商品展销以及尝新节晚会等环节。

除了以上节日，还有正月"过十四"的吃山薯节，正月"过二十九"的了年节，"过五月"的端午节，"过六月"的晒衣节。但是，现在这些节日已经没有节日活动了，只是在人们的记忆中。

8-1 ◆ 弄麻

[ka⁵³sɿ⁵³] **"扫扬尘"**

　　一年一次重要的大扫除活动。一般在腊月二十三日或二十四日进行。早先,主要是扫除厨房里的灰尘;现在,多对厨房和客厅等进行彻底清扫。如果这两天扫不完或没有时间打扫,就要等到除夕上午再打扫。

[sa³³ai⁵³zei¹³suo⁵³ka³¹te³¹] **"洗晒衣被"**

　　年前,对用过的床单和穿过的衣服等进行一次全面的清洗和晾晒,干干净净地迎接新年的到来。

8-3 ◆ 弄麻

[vu³³dʑiu³⁵] "洗涮家什"

"扫扬尘"时，把炊具、餐具和桌椅等搬出来，进行彻底清洗。

[ŋ̊⁵⁵bu¹³dʐo³¹] "接祖公"

每年腊月二十日至二十六日期间的某一天，家家都要杀年猪并举行祭祀——"接祖公"回家过年。在正月"送祖公"（见图8-20）之前的一段时间，每餐吃饭之前都要在供桌上摆上饭菜祭拜祖公。祭祀过程为：点亮茶油灯，在香炉中、供桌下、大门口、灶台上插香，在供桌前、供桌下、大门口、灶台口烧纸钱，在供桌上摆饭菜并多次给祖公敬酒。敬酒时，从已故父母开始呼唤，一直向上呼唤长辈的称呼，不知道称呼的，就都称为祖公。香炉中的香火和供台上的香油灯直到正月"送祖公"前都不能熄灭。

8-5◆弄麻

[tui¹³lian³¹bin¹³li³¹] "大门联"

仅少数人家有贴对联的习俗。大门和房门上贴对联，大门头上贴横批和门头贴，窗户两边贴窗联。贴对联的时间并不是在除夕那天，而是与腊月里择吉日更换神龛上的条幅同时进行。

[so⁵³au³¹muŋ⁵³lei⁵⁵] "蒸糯米饭"

正月初一早上，用 [ȵa³¹m³¹tai⁵³] "饭甑"将淘洗干净的糯米蒸成糯米饭。其过程为：把糯米淘洗干净，放入锅中加水煮开；等到用手可以碾烂即八成熟时，舀入 [ṣo³¹tsɿ³¹] "筲箕" 中沥干水；之后，倒入"饭甑"里，蒸到盖上有热气冒出后，再蒸大约半小时即熟。

[tɕhio³³ka⁵³m³¹pzi³¹] "糍粑碓"

舂糍粑的工具。用一截大木头挖成。上部为窝形，用于装糯米饭；下部为平板状，用于脚踩以防舂糍粑时糍粑碓移动。

8-9◆弄麻

8-8◆弄麻

8-6 ◆ 弄麻

[ha³⁵tau³¹pe³³tɕiaŋ³¹] **"吃年夜饭"**

　　大年三十的傍晚，一家人围坐在饭桌旁吃团圆饭。鸡肉、新鲜猪肉、熏肉、豆腐和辣椒是必不可少的菜肴。傍晚祭祖之后，把祭祖的饭菜倒回原先的饭菜中，混合后，端上饭桌全家人食用。据说，吃了祖公用过的饭菜能够保佑一家人健康平安。以前，长辈坐在靠近神龛的位置，现在没那么讲究了。

8-7 ◆ 弄麻

8-10 ◆ 舂麻

[m³¹tai⁵³ka⁵³m³¹pzi³¹] "舂杵"

　　两根舂捣糍粑碓里的糯米饭的竹杠或木杠。使用时，上部夹在腋下，双手一前一后紧紧地握着下部，用下端搋糍粑碓里的糯米饭，直至把糯米饭舂成均匀、瓷实、黏糊糊而有韧性的胶泥状为止。

[dau¹³m³¹pzi³¹] "做糍粑"

将糍粑碓中胶泥状的糍粑做成一个个的圆饼。做糍粑前要敬祖。主家先从碓臼中抠出两小坨糍粑并捼成球，放入供桌上垫着 [sŋ³¹to³⁵pzi³¹] "黄钱纸"的两只小碗中。供桌上摆上饭菜和酒碗，分三次向四只小酒碗中斟甜酒。斟酒时，呼唤祖公来吃糍粑、喝酒。之后，把碗中的糍粑连带"黄钱纸"拿出来，摆放到供台上。再在香炉中插香，在供桌前、供桌下、灶台上和大门口插香、烧纸钱。

[m³¹pzi³¹] "糍粑"

用糯米做成的正月祭祖的食品。做好的糍粑摆放在撒了米粉的桌面上或簸箕里,凉了、硬了之后用于祭祖。可以把糍粑削成薄块,放入热猪油锅中,煎至两面略显焦黄,取出,趁热加些白糖或食盐即可食用。也可以把糍粑放在火炭上或埋在火塘的热灰中,称为 [pzi³¹m³¹pzi³¹] "烤糍粑"。

8-14 ◆弄麻

[pai⁵⁵m³¹pzi³¹] "摆糍粑"

大年初一下午,同一家族的多房兄弟、子侄一道挨家挨户地摆糍粑祭祖。把桌子上或簸箕里的糍粑捡起来,放入两个筛子或小簸箕中。每个筛子的中间放一个大的,上面再放两个小的;大糍粑的周围均匀地摆放七个小糍粑;每个筛子中在一个圆球形的糍粑上各插上一炷香。筛子摆放在供桌右边的矮桌子上。

8-15 ◆弄麻

8-16◆弄麻

[pai⁵⁵ko¹³mau³⁵]"**摆猪腿**" │ [pai⁵⁵vai³¹n̠iau³³]"**摆条肉**"

在两个摆放了糍粑的筛子中，分别摆上一大块熏干的带尾巴的猪后腿肉和一大块肋条肉。

[pai⁵⁵bi¹³muŋ³¹mau³⁵]"**摆猪舌头**"

摆糍粑时，在供桌上摆放一碗带着舌头的熟猪头肉。祭祀后，猪头肉仍旧摆放在供台上，以备下一餐加热后再用。直到"送祖公"之后才被混入菜中吃掉。

8-17◆弄麻

中国语言文化典藏

[pai⁵⁵bu¹³dʑo³¹] "祭祖公"

供桌上，摆放带舌头的熟猪头肉、鸡肉、豆腐、米饭、酒碗和筷子；筛子中，摆放大小糍粑、肋条肉、带尾巴的猪后腿肉。这样，就有了猪头、猪舌头、猪肋骨、猪腿和猪尾巴，代表一整头猪的肉。主家首先给祖公敬酒献饭，烧香烧纸钱；其他兄弟、子侄随后敬酒。祭祀后，鸡肉、豆腐、米饭收回，混入原先的饭菜中，家族宴时吃掉；祭祀用酒被大家你一口我一口地现场喝掉或家族宴时喝掉。大年初一"祭祖公"是一年中最隆重的祭祀活动。从正月初一开始到"送祖公"之前的每餐主家都要在神龛前祭拜。三冲仡佬族中，"祭祖公"的形式因姓氏不同而略有差异。

[dʑiu³¹to³³tau³¹tu¹³ha³⁵muŋ⁵³] **"家族宴"**

祭祖后，同一家族的兄弟、子侄等聚在一起，有说有笑地喝酒聊天。这既延续了传统的祭祀风俗文化，也增加了感情联系。对祖先的尊敬和崇拜成为凝聚家族人心的关键。不时，也有同一村寨的亲戚朋友过来串门，大家聚在一起喝酒。

[ʐuo³¹bu¹³] **"送祖公"**

请人看日子，一般选在正月初三到初五期间的某个好时辰，同一家族的多房兄弟、子侄一道挨家挨户地"送祖公"。除了像其他时节祭祖之外，还要把一条熏肉煮熟、切成片，每片插上一根小竹签，分成两份，分别放在装有糍粑的两个筛子中。每个筛子中再放上一把点着的香。接下来是熏祭品、送行、路边烧香活动。

[ho³³m³¹pzi³¹ho³³n̪iau³³mau³⁵] **"熏祭品"**

　　直译为"熏糍粑、熏猪肉"。一人拿着用干竹片做成的火把,另一人主祭。所有祭品都在火焰上正转三圈,再反转三圈;同时,主祭者用仡佬语念道:"今天摆了,过年就过完了,你从哪里来,就再回哪里去了……"并叫祖公来收祭品。祭品熏过之后,把装糍粑的筛子反扣在桌面上或簸箕里,退下竹片上的肉片并拿回厨房,猪腿肉和肋条肉再挂回火塘上。

[vei⁵³tu¹³ti³³] **"送行"**

　　直译为"送出去"。熏祭品之后,一人举着火把走在最前面,两人各自拿着一把香火和插肉片的竹片,还有一人拿着炮仗紧随其后,一直送到路口边。

8-23◆弄麻

8-24◆弄麻

[tʂha³¹ɕiaŋ³⁵da¹³a³¹kun³³] **"路边烧香"**

到了路口边，把点燃的香插在路边，将
火把和竹片放在路边，点燃炮仗。整个"送
祖公"仪式结束。

[su³¹du³¹lu³¹] **"扫地"**

"送祖公"后，及时把堂屋清扫干净。
从大年三十开始，一直到"送祖公"的那天
都忌讳扫地。家中实在脏了，也只是把垃圾
扫到屋内的墙角处，不能扫到门外去，以免
扫走财气。

[dʐuŋ³¹luŋ³³] **"串寨"**

过年期间，村民成群结队地在村寨中从一家串到另一家。每到一家，主人都热情款待。端
出过年的备菜，舀出自酿的白酒，邀请客人品尝。一般要喝两碗酒后才能去下一家。以前，大
年初一 [tsai¹³dʐuŋ³³luŋ³³] "忌串寨"，所以该活动主要集中在大年初二，现在大年初一也可以了。

8-25◆弄麻

8-26 ◆弄麻

[dʐuŋ³¹luŋ³³ha³⁵muŋ⁵³] "串寨吃饭"

　　"串寨"时，如果几帮人恰巧走到了一家，大家就坐下来，聚在一起喝酒、聊天。遇到几个合得来的人，"串寨"结束后，就到其中一人家中，大家围坐在火塘边，常常一直喝到深夜。

[dau¹³ka¹³ʂau⁵³] "回娘家"

　　大年初二，年轻女子可以带着礼品背着孩子，回娘家看望父母。以前，在"送祖公"之后才能回娘家，因为在这之前不能带东西出门。现在，只有年纪大些的妇女还遵循旧俗。

8-27 ◆弄麻

隆林仡佬语

捌·节日

253

二过三月

8-28 ◆弄麻

[ɕi⁵³li³³da³¹ɲiuŋ³¹] "清坟"

　　祭奠亡人的一项重要活动。请风水先生推定日子，在亡人安葬三年后的正月到三月初的某天进行。主要程序有：清除坟上和坟边的杂草，对坟墓进行修整并给坟头添新土，在坟前宰杀猪、羊和鸡并 [tɕio³¹sən³⁵] "交牲口"，进行"野炊""开财门"等活动，还要请唢呐队吹奏。

中国语言文化典藏

8-29 ◆弄麻

[mo³¹ɕiaŋ³⁵pzi³¹sʐ³¹to³⁵] "敬香烧纸钱"

　　在清坟之前，一般由长子跪在坟前点上三炷香，斟上一碗酒并焚烧纸钱祭拜。同时，也给周边的坟墓插一根香、烧一些纸钱。

254

[tʂuŋ³⁵bi¹³pei³¹] **"立碑"**

在清坟时进行。墓碑立在坟墓前，碑上刻着墓主人的姓名、籍贯、事迹、去世日期和立碑人的姓名及与墓主的关系等文字。碑体下平置一块石板作为供台，表达对亡人的敬意、感念和哀思。

[tʂʐ̩³¹da³¹n̠iuŋ³¹] **"垒坟"**

用水泥、砂石和石块把坟墓的两边垒起来，增加一层，将原先的老坟墓包住。

隆林仡佬语

捌·节日

8-32◆弄麻

[au³¹i⁵³au³¹do¹³da³¹n̠iuŋ³¹] "添土"

在原坟墓的基础上添新土，使坟墓更加高大，以示亡人后代兴盛，家族兴旺。添土时，原坟上的泥土和石头不能乱动，即只加不减。把新土撒在坟墓上，不动用锄头、铁锹等工具。当地认为用工具在坟墓上拍打，是对先人的不敬。

[tsei³⁵bin¹³thuŋ³⁵] "挖钱仓"

清坟时，如果不垒坟，就把原来的"钱仓"清空；如果重新垒坟，就要在坟墓的一侧（男左女右）、靠近坟尾处再挖一个"钱仓"，在祭奠时装纸钱、烧纸钱。直译为"挖柜门"。

8-33◆弄麻

中国语言文化典藏

256

[li³¹li⁵³mo³¹ɕiaŋ³⁵] "长子上香"

  坟墓重新垒好之后，长子点上一支红蜡烛，双手握着一把点着的香在墓碑前叩拜三次，然后，跪着把香插在供台上边的香孔中，摆上四只小碗，斟上白酒，祭奠先人。

[va⁵³ʂ̩³¹to³⁵] "挂纸"

  当地汉语方言称为"挂青"，仡佬语 [va⁵³] "挂"、[ʂ̩³¹to³⁵] "纸"，直译为"挂纸"。一般没有在清明节"挂纸"的习俗，但是清坟时要"挂纸"。这一天，前来祭扫的亲朋好友都会带来一束白纸串_{白纸剪的波纹花式纸条}，在坟墓垒好之后，用细竹或树枝插挂在坟墓上。坟墓上"挂纸"多，表明墓主家族人丁兴旺。

隆林仡佬语

捌·节日

257

[tʂuŋ⁵³mei³⁵ʂu³¹vai⁵⁵da³¹n̠iuŋ³¹] "拉羊转坟"

　　宰杀完活的祭品之后，一人拖拽着一只已经宰杀的羊绕着坟墓顺时针转三圈，再逆时针转三圈，另一人拿着锄头跟在后面，一边举起锄头向下挥动，一边大声说："买田！买田！"

[tha⁵³zən³¹mei³⁵] "坟尾坑"

　　在坟尾处挖出一个坑洞，在此处杀死用于转坟的羊并把羊血洒在窝窝里，然后再用泥土覆盖、填埋起来。

[fei³⁵ṣu⁵³] **"摆牲口"** | [va⁵³pla³¹bi¹³pei⁵³] **"碑挂红"**

"交牲口"、[zən³¹sən³⁵] "杀牲口"之后，洗净猪肉、羊肉和鸡肉，摆放在墓碑前，向先人敬献。清坟祭奠活动逐渐进入高潮阶段。在敬献祭品时，长子将墓碑最上面的一块安上并给墓碑披红。

[dʐuo³⁵ɲiau³³tei⁵³ɲiau³³tsʅ¹³lən³⁵] **"划肉回礼"**

"摆牲口"仪式完毕后，主人用菜刀在祭祀用的牲畜和家禽身上象征性地来回划几刀，表示这些肉已经交给了先人。主人家在每个祭物上割下一小部分肉用于"野炊"，一部分用于"开财门"后招待客人，大部分让进献祭品的亲友带回家。

8-39 ◆ 弄麻

8-40◆弄麻

[tʂo³¹bu¹³dʐo³¹ha³⁵muŋ⁵³] "野炊"

　　"摆牲口"后，在每只猪、羊、鸡的身上都割取一些肉和内脏，在山上支起几只大锅煮熟。用于 [tʂo³¹kuŋ³³da³¹n̠iuŋ³¹ ha³⁵muŋ⁵³] "在坟前吃饭"。

[pzi³¹sɿ³¹to³⁵au³¹thuŋ³⁵] "装钱仓"

　　在"钱仓"中装入亲友们进献的"黄钱纸"并在"钱仓"中焚烧。焚烧纸钱后，把"钱仓"用土封上、踩实。

8-42◆弄麻

[mo³¹ɕiaŋ³⁵hɪ³⁵muŋ⁵³] **"敬香献饭"**

在坟前供台上点上两支红蜡烛，每个插香孔中插入三炷香，摆放四碗肉、四碗饭和四碗酒并多次敬酒。同时，给周边的坟墓也插上三炷香。祭奠之后，饭、菜、酒都收回，倒入原先的锅、盆子和酒桶中，到陪先人在坟前吃饭的时候一起吃掉。

[kaŋ³³thuŋ³⁵sɿ³¹to³⁵] "盖钱仓"

焚烧纸钱后，把"钱仓"用土封盖、踩实。

[piau³⁵ho⁵⁵bin¹³] "开门酒"

扫墓回来后，进行"开财门"活动时拦着大门口摆放的白酒。回到主人家，其大门紧闭，门内置一张小桌子，摆放四碗酒。外家（主人妻子的娘家兄弟和女儿的丈夫）在门外唱，之后，主家拉开门闩，唱的人推开"财门"，这四碗酒敬给外家人喝。

[ho⁵⁵bin¹³] "开财门"

通常是由舅哥或姑丈给主家"开财门"。主家人关上大门，乐队在门前吹奏。舅哥或姑丈在门外唱答，主家在门内问答。在一问一答中打开大门。外唱："春季财门春季开，夏季财门夏季旺，秋季财门进五谷，冬季财门进金银。四季财门我打开，金银财宝滚进门。"唱完，外家双手轻轻推开两扇大门。接着唱："主家大财门，左边一根摇钱树，右边一根紫金藤……荣华富贵万万年。"主家人齐呼："搭伴搭伴。"

隆林仡佬语 | 捌·节日

8-47 ◆ 弄麻

[kuŋ³¹kei³⁵təu¹³piau³⁵] "主家敬酒"

　　主家端酒敬外家。主家人齐呼结束，主家两手各端起一碗酒，双手胸前交叉向外家客人敬酒。敬酒三轮，外家众客人每人喝一些，直至把所敬的酒喝完。

[au³¹bin¹³au³¹do¹³ti³¹piau³⁵] "包礼金"

　　敬酒后，外家拿出红包并放在酒碗碗口上。外家唱："还有几两散碎银，买根杉树修财门。财门书上七个字：天下财主第一人。左手开一扇，金鸡叫；右手开一扇……富贵荣华，荣华富贵。"主家人齐呼："搭伴搭伴。"外家回应："恭喜恭喜，主人家从今大发起。"

[pa³³niaŋ³¹dəu¹³piau³⁵] "姑丈敬酒"

　　妻子的兄弟端酒敬姐夫、妹夫。外家唱："左手递给你一颗金，右手递给你一颗银……荣华富贵万万年。"同时，两手各端起一只酒碗，双手胸前交叉分两次把桌上的四碗酒敬给主人家。敬酒毕，外家客人进入堂屋就座。

8-48 ◆ 弄麻

8-49 ◆ 弄麻

[hən³⁵ha⁵³m³¹ti¹³] "唢呐队"

　　一支乐队一般由四人组成：两人吹唢呐、一人敲鼓、一人击铙钹。因为唢呐声高亢、嘹亮，所以称为"唢呐队"。丧事期间，从 [tɕio³¹mau³⁵hei³⁵be¹³] "交断气猪"开始，主家就请一支乐队日夜不停地吹奏。吊丧时，外家也请一支乐队，一路吹吹打打来到孝家。两支乐队聚在一起，交替吹奏，相互竞赛，直至下葬。清坟祭祀时，主家和外家也是各请一支乐队，演奏形式与丧事时基本相同。

[piau³⁵m³¹ti¹³] "唢呐队酒"

　　摆在室内门口桌子上的准备敬给外家所请唢呐队的人喝的酒。唢呐队要进屋子必须吹奏专用于"开财门"的曲子，还要喝拦门酒、吃羊肝。门口桌上摆放八碗酒、一碗羊肝和一碗辣椒酱。唢呐吹奏结束后，主家给唢呐队的人敬三轮酒，还要把羊肝蘸上辣椒酱，并 [te⁵³ta⁵³puŋ³³mei³⁵la⁵⁵pho⁵³ha⁵³m³¹ti³⁵] "夹羊肝给那帮吹唢呐的"。

三过七月

[pai⁵⁵mei³¹ha⁵⁵a³³] "摆新粮"

农历七月十三日是仅次于春节的一个重要节日——祭祖节。早晨，摘取新鲜的瓜果和玉米，摆放在 [kɪ³¹lu⁵⁵pai⁵⁵bu¹³dʐo³¹] "祖公神龛" 供台的两边，敬奉给祖先。

[mo³¹ɕiaŋ³⁵au³¹kɪ³¹lu⁵⁵] "神龛插香"

点六炷香，双手捧着香在神龛前叩拜三次。在香炉中插上三炷，向祖公敬香，然后，依次在土地神龛下方地面的插香孔、大门口、灶台上插香，向土地神、门神、灶神敬香。

中国语言文化典藏

266

8-54 ◆ 弄麻

[mo³¹tən³¹tɕie³³] "点油灯"

晚饭前，要举行祭祖活动。清扫供台，更换茶油灯的灯油，放入新的灯捻，再点亮油灯。

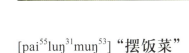

8-56 ◆ 弄麻

[pai⁵⁵luŋ³¹muŋ⁵³] "摆饭菜"

在供桌上分三排分别摆放四碗酒、四碗菜和四碗饭，每碗饭菜上架一双筷子。

[kau³¹piau³⁵hɿ³⁵muŋ⁵³] "敬酒献饭"

敬酒时，轻声呼唤祖辈的称呼。从已过世的父母叫起，一直往上，不知道称呼的，就都称作祖公。分三次斟酒，每次三遍到五遍，同时许愿，祈求祖先保佑家庭幸福安康。敬酒过后，从供桌后的缝隙中撒一些饭菜和酒到地上，以示祖先吃了。把饭菜和酒收回，混入原先的饭菜和酒中，家宴时吃掉或喝掉。

[pzi³¹ʂʅ³¹to³⁵la³³bu¹³dʐo³¹] "烧纸给祖公"
[pzi³¹ʂʅ³¹to³⁵la³³thu³¹ti¹³] "烧纸给土地"

拿供台上供奉的"黄钱纸"，在供桌前方的地面上烧给祖公，在土地神龛下方的香孔旁、大门口和灶门口烧"黄钱纸"后，留下几张，回到神龛前，双手捧着这几张"黄钱纸"，叩拜三次，跪拜三次，再叩拜三次，在供桌前的地面上烧掉。

8-57 ◆ 弄麻

8-58 ◆ 弄麻

[mo³¹ɕiaŋ³⁵au³¹zau³¹sau⁵³] "给灶神上香" │ [pzi³¹ʂɿ³¹to³⁵au³¹zau³¹sau⁵³] "给灶神烧纸钱"

　　点燃的香、"黄钱纸"放在灶口。在灶台上插上一炷香，灶洞口边的地面上烧几张"黄钱纸"。当地没有明确的"灶神"说法，但是祭祀祖公的同时会祭灶。

[tʂha³¹ɕiaŋ³⁵au³¹sa³¹sa³¹a³¹kun³³] "岔路口插香"

　　室内祭祀后，点燃100炷香，带一捆"黄钱纸"和一碗酒，从大门前开始，每隔十步插一炷香，烧一张纸。到了垭口，把余下的香全都插在地面上，烧完纸，洒完酒并摔碎酒碗。回到家中，关上大门。当晚不再从大门外出。现在，年轻一代的祭祖活动已经没有这一环节了。

[mo³¹ɕiaŋ³⁵au³¹bin¹³li³¹] "给门神烧香"
[pzi³¹ʂɿ³¹to³⁵au³¹bin¹³li³¹] "给门神烧纸钱"

　　点燃的香、"黄钱纸"放在大门边。在大门左边下方插上一炷香，在地面上烧几张"黄钱纸"。当地没有明确的"门神"说法，但是祭祀祖公的同时会祭门。

四 尝新节

[pai⁵⁵bu¹³tʂuo⁵³] "祭祖先"

　　图 8-62 为 [jau³³mei³¹ha⁵⁵a³³] "采新" 前主祭人在自家厨房中进行祭祖活动。清晨，主祭人到田里连根拔起三根最大的稻谷，掐三支大的稻穗带回家。在厨房的桌子上，摆放三根稻谷，用开水斟满五只茶盅，在五片树叶上放些糯米酒糟。墙壁上插一炷香，呼唤祖先来 "享用"。之后，把这三根稻谷挂在厨房中的一根横杆上。叩拜、跪拜各两次，烧纸钱，祈求祖先保佑丰收安康。图 8-63 为 "采新" 后，主祭人在自家堂屋中进行的祭祖活动。把早晨的三支稻穗、一只煮熟的大公鸡、一碗甜酒和一碗新米饭摆放在供桌上。烧香、敬酒和摆饭菜的过程与过七月祭祖相同。

[jau³³mei³¹ha⁵⁵a³³] "采新"

　　收获新粮。早饭后，在乐队吹吹打打的乐曲声中，主祭人带领身着节日盛装的男女老少高高兴兴地来到田地里，采摘刚成熟的谷物、瓜果等。不管是谁家的田地都可以去采摘，主人家都不会怪罪；有些人还特意引领人们到自家田地里去采摘。

8-67 ◆大水井

[pai¹³m³¹tai⁵³li³¹] "拜大树"

堂屋祭祖完毕，由主祭领头，一人手持火把，一人端着盛放了祭祖供品的筛子，众人跟随其后，在乐队的伴奏下到村寨旁两棵大青冈树下拜大树。祭拜过程有：主祭人给大树敬献纸币、敬香、敬奉饭菜和酒、烧纸钱，众人捧香叩拜、依次上香、再次叩拜。

8-66 ◆大水井

8-68◆大水井

8-69◆大水井

[muŋ⁵³a³³pai⁵⁵bu¹³tʂuo³¹] "供物"

直译为"摆给祖先的新米饭"。把供品摆放在供台上，向祖先敬献。主祭人把一张纸币折叠后放入青冈树树身的一个洞中并用醪糟酒覆盖住洞口；在香炉中插上三炷香；在供台上摆放供品，分三次敬献米酒、鸡肉和米饭并烧纸。

[mo³¹ɕiaŋ³⁵] "上香"

村寨中男人每人手持三炷点燃的香，行三次叩拜礼。之后，按长幼顺序走到供台前，把手中的香插到香炉中。

8-70◆大水井

中国语言文化典藏

[ha³⁵muŋ⁵³a³³] "吃新粮"

用新鲜的猪、牛、鸡等肉食和新采摘的瓜果、蔬菜等做出多种菜肴，用新米蒸出香喷喷的米饭，舀出新酿造的米酒，全村寨人聚在一起并邀请客人共同品尝新谷物做成的美食，享受仡佬族尝新节的欢乐。

8-72◆大水井

[pai⁵⁵bu¹³tʂuo³¹muŋ⁵³a³³] "摆供品"

直译为"摆给祖先新米饭"。在小广场上设置一个供桌，把敬献的供品摆放在上面并祭祖。祭树之后，由主祭人带领，一人端着盛放了祭祖供品的筛子，众人跟随其后，在乐队的伴奏下走到祭典的小广场。供桌的两边各摆放一只牛头和一只猪头，装供品的筛子摆在中间，众人在供桌上再摆放新采摘的玉米、瓜果等新品。

由主祭人主持祭典。程序为：主祭人上香，敬献三次米酒、鸡肉和米饭，烧"黄钱纸"；众人每人手持三炷点燃的香，行三次叩拜礼；之后，按长幼顺序每人单独走向供桌上方的香炉前，三叩首后，把手中的香插到香炉中。

8-71◆大水井

　　本章包括禁忌语隐语、俗语谚语、祭祀词和故事四大部分。俗语谚语部分大体上按照俗语、谚语、顺口溜、歇后语、谜语的顺序排列。

　　我们在当地没有发现口彩，禁忌语也很少，说明当地几乎没有语言崇拜观念和语言迷信心理。仡佬族在当地是人口较少的民族，为了保护自己，产生了一些仅有本族人才能听懂的隐语，即同一意思，有两种不同的说法。一种是本民族的常用语，略懂仡佬语的周边其他民族也能听懂；另一种则仅有本民族的人能听懂，而不让外来人知道。俗语谚语非常多，尤其是谚语，非常丰富，有农业谚语、气象谚语、生活谚语等。顺口溜、歇后语、谜语也很丰富。这很可能与当地农业生产以及人们喜欢喝酒有一定关系。由于自然环境的限制，农作物基本上是靠天收，所以在农业和气象方面有不少经验，总结出很多谚语。男男女女都有喝酒的习惯，两三个人坐下来就是喝酒，每逢节日和婚嫁生育等喜庆场合，常常是从早喝到晚。大家相聚甚欢，谈笑风生。长时间坐在一起，说什么呢？无非是交流见识和经验，说说笑话。这样，顺口溜、歇后语、

谜语和谚语正好满足了人们的需要。其中，哲理性谚语也能起到教育后代的作用。

以前，男女恋爱对唱情歌，女子结婚时唱哭嫁歌，现在已经没有人会用本民族语言唱歌了。妇女们喝酒时还喜欢唱歌，但都是用当地汉语方言来唱。情歌和哭嫁歌仅仅在一些中老年人的脑海里存有零星记忆。在日常生活中，已极少用仡佬语讲述故事传说。丧葬中，风水先生在室内念的祭祀词仍使用仡佬语，有"交断气猪""献饭""交牲口""堂祭""交被子""献早饭"和"叫魂"等几个部分，但主要内容大同小异。本章记录了具有代表性的"交断气猪"和"献饭"两部分。

本章不收图片，体例上也与其他章节有所不同。每部分内容大体上都是按句分行，每句先标国际音标，再写汉语对译，最后附普通话意译。

讲述故事和口诵祭祀词时，语流音变现象（脱落、弱化、合音等）比较常见，本章完全依据讲述人的实际发音记录。

1. bei³⁵ pu³¹ɕie³⁵ "怀孕"
　有　身子

2. dʐau¹³ na³⁵ "死了"
　在　不

3. vu³³ o³¹ "死了"
　去 了

4. pu³¹ɕie³⁵ li³¹laŋ⁵⁵ a³¹ "病了"
　身子　舒服　不

5. pu³¹ɕie³⁵ o³³ a³¹ "病了"
　身子　好 不

6. dʐaŋ³⁵ vei⁵³ "杀鸡" 隐语，仡佬语本为 [zən³¹kai³⁵]
　杀　　鸡

7. dʐaŋ³⁵ muo³¹laŋ³¹ "杀猪" 隐语，仡佬语本为 [zən³¹mau³⁵]
　杀　　猪

8. dʐaŋ³⁵ m³¹tʂhau³¹du³¹ "杀牛" 隐语，仡佬语本为 [zən³¹nai³¹]
　杀　　牛

9. ʂu³¹ le³⁵ "喝酒" 隐语，仡佬语本为 [haŋ³¹piau³⁵]
　吸　酒

10. ʂu³¹ lau³¹ "吃奶" 隐语，仡佬语本为 [ha⁵⁵tɕiu³³]
　吸　葫芦

11. zo³¹ ta³¹tɕi⁵³ "放鞭炮" 隐语，仡佬语本为 [zuo³¹huo³³phau³⁵]
　放　屁

12. lai³⁵ "提前走" 隐语，仡佬语本为 [pai³⁵]
　走

13. lo⁵³ ta³¹lən³⁵ tɕio⁵³ "回去" 隐语，仡佬语本为 [dzʅ³¹lən¹³] 或 [dzʅ³¹plən¹³]
　转　后跟　脚

1. da³¹ dzaŋ³¹ pai³⁵ pzi³¹ dzau³¹, da³¹ ŋo³³ pai³⁵ pzi³¹ lo³¹.
   月 三 火 烧 山 月 二 火 烧 崖

   三月火烧山，二月火烧崖。

   ko¹³ki⁵³ thaŋ⁵⁵ lau³¹ ma³¹ thaŋ⁵⁵ lau³¹, ko¹³ki⁵³ thaŋ⁵⁵ ŋ̍³¹ko³¹ ma³¹ thaŋ⁵⁵ ŋ̍³¹ko³¹.
   别人 种 葫芦 要 种 葫芦 别人 种 瓜 要 种 瓜

   别人种葫芦要种葫芦，别人种瓜要种瓜。（指什么季节做什么样的事情，跟着别人后面学着做。）

2. thaŋ⁵⁵ i³³ ma³¹ te³⁵ kuŋ³³, ka⁵³ muŋ⁵³ ma³¹ te³⁵ fe³³.
   种 秧 要 抢 前 打 稻 要 抢 天

   插秧要抢先，收稻要抢天。

3. ȵiaŋ⁵³ ta³¹ ȵiaŋ⁵³, m̩³¹buŋ¹³ hau⁵³; dzau³⁵ ta³¹ to³¹, m̩³¹buŋ¹³ zuŋ¹³.
   六 月 六 地瓜 熟 七 月 半 地瓜 烂

   六月六，地瓜熟；七月半，地瓜烂。

4. zuo¹³ zuŋ¹³ zuo¹³ lau¹³ tau³¹ me³¹ a³¹, ȵo⁵³ dau³¹ tɕiu³¹ bei³⁵ mei³¹ha⁵⁵ jau³³.
   瘦 田 瘦 地 不 扔 不 勤 做 就 有 粮 食 收

   瘦田瘦地不要丢，勤种粮食就有收。

5. ma³¹ ɕiaŋ⁵³ pau³¹pau³¹ li³¹, ke³¹ke³³ ma³¹ ki¹³ li³¹.
   要 想 玉米棒 大 玉米秆 要 间隔 大

   要想苞谷大，苞秆要隔大。（要想玉米棒长得大，玉米植株之间的行距就要大。）

6. a³³ɕiu⁵³ ma³¹ su³³, mai³¹ taŋ³¹ li³¹ a³¹.
   辣椒 要 辣 不要 果 大 不

   辣椒要辣，不用果大。（借指身材矮小的人也能做成大事。）

7. m̩³¹dzɿ³¹tən³³ du³¹di¹³, m̩³¹lu³⁵ ma³¹ tu³¹mən³¹.
   蚂蚁 出 天 要 下雨

   蚂蚁出洞，天要下雨。

8. tsa³³ ʐo³¹ taŋ⁵³, tu³¹mən³¹ a³¹.
　　只　放　雷　　下雨　不

　　只打雷，不下雨。

9. lu³⁵ phei⁵³ ma³¹ tu³¹mən³¹, lu³⁵ pla⁵³ ma³¹ li¹³du³¹.
　　天　黄　要　下雨　　　天　红　要　晴天

　　天黄要下雨，天红是晴天。

10. do¹³ʐɿ³¹ laŋ⁵⁵ ma³¹ bei³⁵ mən³¹, hən³⁵ tɕio⁵³ ma³¹ bei³⁵ m³¹n̥ia⁵³.
　　天空　黑　要　有雨　　人　忧　要　有　事情

　　天黑要有雨，人忧要有事。

11. mai³¹ n̥o³³ pe³¹ n̥o³³ n̥au⁵³; mai³¹ n̥ai³¹ pe³¹ n̥ai³¹ lei⁵³.
　　养　马　得　马　骑　养　牛　得　牛　犁

　　养马得马骑，养牛得牛犁。

12. hən³⁵ n̥o⁵³ lau¹³ pən³⁵ ka³⁵, hən³⁵ ʔle³¹ lau¹³ pən³⁵ la⁵⁵.
　　人　勤　地　生　穗　人　懒　地　生　草

　　人勤地生穗，人懒地生草。

13. dʑie³¹ hən³⁵ tɕiu³¹ sɿ³¹ kuai³⁵, ha³⁵nai³¹ lei¹³ bo³⁵ su³¹nuŋ³³ dʑau¹³.
　　力　人　就　是　怪　　今天　用　完　明天　　在

　　力气是个怪，今天用完明天在。

14. bei³⁵ sɿ³¹ ki⁵³ hən³⁵ a³¹, ɬu³³ sɿ³¹ laŋ³¹ bin¹³ a³¹.
　　是　一　家　人　不　进　一　个　门　不

　　不是一家人，不进一家门。

15. to³¹ pzi³¹ suŋ³⁵ luŋ³¹, to³¹ pzi³¹ mei³¹ha⁵⁵.
　　半　年　糠　菜　半　年　粮　食

　　半年糠菜，半年粮。（在艰难困苦的岁月里，粮食不够吃，只能半年吃糠菜，半年吃粮食。）

16. kəu¹³kei⁵³ ti³¹ ka³³ n̥ai³¹, khən³¹ to³³ laŋ³¹pia³⁵.
　　又脆又干的　皮　牛　肯　　断　很

　　越是僵硬的牛皮，越容易折断。（借指脾气倔强、强硬的人，命运会很悲惨，越是较劲的人命运越不好。）

278

17. piau³⁵pla³¹ tɕhin³³ a³¹ ki⁵³ muo³¹ a³¹,

    酒 红 请 不 人家 来 不

    piau³⁵ vu³¹ tɕhin³³ a³¹ sɿ³¹ ki⁵³ muo³¹ m̩³¹tai⁵³.

    酒 白 请 不 也 人家 来 自己

    红事不请不来，白事不请自到。（如果有人家办婚嫁、生育这类红喜事，主人家不请，就不去帮忙和送礼金、喝酒；如果有人家办丧葬这类白喜事，主人家不请，也要去帮忙和送礼金、喝酒，即使原先邻里之间有矛盾，不请也要自到。）

18. tɕhin³¹ paŋ³³ tɕhin³¹, da³¹ paŋ³³ da³¹,

    亲 帮 亲 邻 帮 邻

    bu¹³tshie⁵³ m̩³¹n̠ia⁵³ li³¹ sɿ³¹ vai¹³ tau¹³ tshən⁵⁵.

    什么 事情 大 也 能 做 成

    亲帮亲，邻帮邻，什么大事都能办成。

19. pai³⁵ pzi³¹ dʐau³¹a³¹ lau¹³ diau⁵³ a³¹,

    火 烧 山 不 地 肥 不

    hən³⁵ ho⁵³ tu³¹ a³¹ m̩³¹n̠ia⁵³ lai³¹tai³¹ tau¹³tshən⁵⁵.

    人 合 心 不 事 难 做 成

    火不烧山地不肥，人不合心事难为。

20. tsho¹³lən⁵³ hən³⁵ o³³, tɕiu³¹ bei³⁵ hən³⁵ o³³;

    跟 人 好 就 是 人 好

    tsho¹³lən⁵³ pu³¹tau³¹mɿ³¹ tɕiu³¹ bei³⁵ mɿ³¹.

    跟 魔公 就 是 神

    跟好人，成好人；跟魔公，跳假神。（"魔公"即风水先生。"假神"即装神弄鬼的人。意思是跟在风水先生后面就学会了装神弄鬼去欺骗别人。）

21. dəu³⁵ di¹³ ki⁵³, baŋ¹³ ki⁵³ kye³³.

    端 碗 人家 挨 人家 管

    端人家碗，受人家管。

22. hən³⁵ pai³⁵ a³¹ tɕhin³¹ a³¹, dzɿ³¹ dzɿ³¹ a³¹ lau³¹ a³¹.

    人 走 不 亲 不 话 说 不 知道 不

    人不走不亲，话不说不明。

23. tʂa³¹tʂuo³³ ha⁵⁵ n̠iu³¹ pi³¹ tʂa³¹luo¹³ ha⁵⁵ m³¹sa⁵³ hai³¹ ai³¹.

　　老人　　吃　盐　比　年轻人　吃　米　　还　多

　　老人吃的盐比年轻人吃的米还多。（借指老年人比年轻人见识多，经验丰富。）

24. di¹³ba⁵³ tau³¹ lo³¹ ai³¹ a³¹, tshəu³⁵tshɿ³¹ sɿ³¹ ki⁵³ sɿ³¹ ai³¹.

　　伙伴　不　怕　多不，仇家　　一　家　也　多

　　伙伴不怕多，仇家一家也多。

25. n̠o³³ ka⁵³ a³¹ n̠o³³ təu³⁵ a³¹, hən³⁵ dzɿ³¹ a³¹ hən³⁵ səu⁵⁵ a³¹.

　　马　打　不　马　跳　不，人　说　不　人　笑　不

　　马不打马不跳，人不讲人不笑。（如果不去鞭打马，马就不会跳起来；如果人与人之间有了误解和矛盾，不去解释说明，心中的疙瘩就难以化解。）

26. mɿ¹³tɕi³¹ o³³ ko⁵³ a³¹, li³¹i³³ o³³ zɿ³⁵ a³¹.

　　胡子　好　扯　不，娃娃　好　惹　不

　　胡子不好扯，娃娃不好惹。

27. tʂuo³³ tau³¹ ɕin³⁵ a³¹, tiaŋ³³ tau³¹ zɿ³⁵ a³¹.

　　老　不　嫌　不，小　不　惹　不

　　老人不可嫌，小孩不可惹。

28. sɿ³¹ mo³¹ m³¹tɕiu¹³ z̠in³¹z̠i¹³ to³³, sɿ³¹ phiau⁵³ m³¹tɕiu¹³ suo³³ to³³ a³¹.

　　一　根　筷子　容易　折，一　把　　筷子　不　断　不

　　一根筷子容易折，一把筷子断不了。

29. ma³¹ he⁵³ wo³¹ do¹³ ki³⁵, ma³¹ vaŋ⁵³ hən³⁵ dzin¹³ nai³¹.

　　要　揭　瓦　上　房，要　看　人　下　这

　　要揭房上瓦，要看下面人。

30. ɬuŋ³⁵ ɬu³¹ ɕiaŋ⁵³ la³³ bei³⁵ do¹³zɿ³¹ vei³¹, dʐuo³¹ tsa³³ bei³⁵ di³¹ sɿ³¹to³⁵ do³¹ɕiu³³.

　　胃　心　想　给　有　天空　高，命　只　有　张　纸　　薄

　　心有天高，命只有纸薄。

31. ve³¹ ha⁵³ bei¹³dʐau³¹ li³¹, bei³⁵ m³¹ɲia⁵³ hi³⁵ ta⁵⁵ li³¹.
　　风　吹　坡　山　大　有　事　　找　哥　大

　　风吹吹大坡，有事找大哥。（风总是吹大的山坡，有了麻烦事，就去找家中的大哥帮忙解决。说明了长子在家中的重要作用。）

32. m³¹tɕiu¹³ suo³³ tɕiuŋ³⁵ tɕio⁵³pli³¹tɕhye⁵³ a³¹.
　　筷子　　不　撬　脚　枋子　　不

　　筷子撬不动地脚枋。（细小的筷子撬不动整座房子的底脚。借指人不要自不量力，做自己力所不能及的事情。）

33. hən³⁵ ɬu³¹ hei⁵³ a³¹, ŋ³¹dʐo³⁵ lai⁵⁵ a³¹,
　　人　心　伤　不，泪　　流　不

m³¹tai⁵³ ti³¹ pu³¹ka³³ a³¹, di³¹ tai⁵³ tiau³¹ a³¹.
　　树　　剥　皮　不　叶　树　垂　不

　　人不伤心泪不流，树不剥皮叶不垂。

34. ki³⁵lu³³ ka¹³ki⁵³ o³³ haŋ³¹ piau³⁵, ki³⁵lu³³ m³¹tai⁵³ piau³⁵ o³³ haŋ³¹ a³¹.
　　堂屋　人家　好　喝　酒　　堂屋　自己　酒　好　喝　不

　　人家堂屋酒好喝，自家堂屋酒难喝。（总觉得别人家的饭比自己家的饭好吃，暗指人家的事情比自家的事情好办。也是妻子责怪丈夫的话。）

35. ne¹³ vu³³ tən³¹tɕie⁵⁵ səu⁵³ a³¹, ŋ³¹ suo³¹ muŋ³¹ hau⁵³ a³¹.
　　油　去　灯　　亮　不　水　干　饭　熟　不

　　油去灯不亮，水干饭不熟。（没有油了，灯就不会亮；水少了，烧干了，饭就煮不熟。）

36. the⁵³mən³¹sa³³sʅ³¹ ma³¹ bei³⁵ tau³⁵ hən³¹ hi³⁵ ti¹³pa⁵³.
　　乞丐　　　也　要　有　三　个　穷　朋友

　　乞丐也有三个穷朋友。

37. sʅ³¹ ki⁵³ bei³⁵ m³¹ɲia⁵³ tha⁵³tshʅ³⁵ tɕio⁵³.
　　一　家　有　事　　大家　忧

　　一家有事百家忧。

38. ka³¹kun³³ pai³⁵ pla⁵⁵ vai¹³ dʐ³¹lən¹³, li³¹mei³³ zo³¹ pla⁵⁵ lai³¹tai³¹ dʐ³¹lən¹³.
　　路　走　错　能　回　　姑娘　嫁　错　难　　回

　　路走错了能回头，姑娘嫁错难回头。

39. $s\text{ʅ}^{31}$ ɕi^{31} ɲo^{33} bei^{35} pu^{55} pi^{13} tɕio^{53},

一 匹 马 有 四 只 脚

$s\text{ʅ}^{31}$ hən^{31} bu^{13} ʂa^{53} tsa^{33} kye^{33} $s\text{ʅ}^{31}$ hən^{31} da^{13} ʂa^{53}.

一 个 丈夫 只 管 一 个 妻子

　　一马管四蹄，一夫管一妻。

40. zei^{13} go^{31}, a^{33} ti^{31} o^{33}, sa^{33} $\text{m}^{31}\text{pai}^{31}$ wo^{31}, kau^{53} ti^{31} o^{33}.

衣裳 嘛 新 的 好 两 夫妻 哦 旧 的 好

　　衣裳是新的好，夫妻是原配的好。

41. bu^{13} ma^{31} ha^{55}, $\text{ɕi}^{31}\text{i}^{55}$ ma^{31} mai^{31} ŋ^{31}.

口 要 吃 根 要 要 水

　　长嘴的要吃，长根的要水。

42. bei^{13} dzau^{31} li^{31} a^{13} bei^{35} $\text{m}^{31}\text{aŋ}^{31}$ a^{31}, hən^{35} li^{31} a^{13} bei^{35} tha^{53} lei^{31} a^{31}.

坡 山 大 无 有 柴 无 人 大 无 有 处 用 无

　　山大无柴，人大无用。（高大的山上不长柴火，身躯高大的人做不了事情。借指不要笑话身材
矮小的人。）

43. sən^{35} kai^{35} vaŋ^{53} tɕio^{53} kai^{35}, sən^{35} $\text{m}^{31}\text{ti}^{33}\text{ti}^{33}$ vaŋ^{53} bu^{13}.

买 鸡 看 爪 鸡 买 鸭 看 嘴

　　买鸡看爪，买鸭看嘴。

44. bu^{13} $\text{dz}\text{ʅ}^{31}$ $\text{dz}\text{ʅ}^{31}$, mei^{31} ma^{31} ɲiau^{53}.

嘴 说 话 手 要 摇

　　嘴讲话，手打卦。（嘴巴讲着话，手还在打卦。即和别人吹牛聊天的同时，还要不停地做好自
己的事情。）

45. phən^{33} z̩au^{35} bei^{35} suŋ^{13} mau^{35} $\text{ha}^{55}\text{suŋ}^{13}$,

盆 里 有 糠 猪 吃 糠

phən^{33} z̩au^{35} bei^{35} suŋ^{13} a^{31}, $\text{mau}^{35}\text{kuŋ}^{31}$ mau^{35}.

盆 里 有 糠 无 猪 拱 猪

　　槽中有食猪吃食，槽里无食猪拱猪。

46. ka⁵⁵tha⁵³ tʂau³³ a³¹, pa³¹tau⁵³ tʂau³³.
火子 烫 不 灰 烫

火星不烫，火灰烫。

47. hən³⁵ ɳo⁵³ haŋ³¹ ŋ³¹ ai³¹, hən³⁵ ʔle³¹ haŋ³¹ ke¹³ ai³¹.
人 勤快 喝 水 多 人 懒 喝 烟 多

勤人喝水多，懒人吸烟多。

48. du³¹di¹³ tɕiuŋ³³ lau³¹ a³¹, muo³¹ ki⁵³ a³¹ bei³⁵ m³¹aŋ³¹ łu³³ z̢au³¹ sau⁵³ a³¹.
出门 弯 腰 不 来 家 无 有 柴火 进 洞 灶 无

出门不弯腰，回家无柴进锅灶。

49. ʔe⁵³ baŋ¹³ vai¹³ fuŋ⁵³, bu¹³ hən³⁵ suo³³ fuŋ⁵³ a³¹.
口 坛 能 封 口 人 不 封 不

坛口封得住，人口封不住。

50. muo³¹kai⁵³ nuŋ³¹ to¹³ sau⁵³ a³¹, li³¹ kai⁵³ laŋ³¹kun³³ təu³⁵ a³¹.
老母鸡 上 上 灶 不 小 鸡 随便 跳 不

老鸡不上灶，小鸡不乱跳。（有什么样的父母，就会教出什么样的孩子。）

51. tha³¹ haŋ⁵⁵ tha³¹ ɳ̥e³⁵, suo³³ ti³¹ m³¹tai⁵³ ti³¹ tha³¹ ŋ̥³⁵ a³¹.
窝 金 窝 银 不 抵 自己 的 窝 狗 不

金窝银窝，比不上自己的狗窝。

52. ka⁵³ m³¹kau³¹ sɿ³¹ ma³¹ mai³¹ tɕhin³¹ tɕiu¹³to³³ a³¹.
打 虎 也 要 要 亲 兄弟 啊

打虎也要亲兄弟。

53. dau³¹ bei³⁵ dau³¹ tɕio⁵³ a³¹, vai¹³ dz̢au¹³ bu³¹kei³¹ vu³¹.
别 气 别 愁 不 能 在 头 白

不气不愁，活到白头。

54. hi³⁵ bin¹³ bei³⁵ bin¹³ sɿ³⁵, mai³¹ ɳo³³ bei³⁵ ɳo³³ ɳau⁵³.
找 钱 有 钱 使用 养 马 有 马 骑

挣钱有钱用，养马有马骑。

55. da³¹ẓau¹³ a³¹ bei³⁵ kəu³³ŋ̍⁵³ te³⁵ a³¹, li³¹i³³ lau³¹ dʐɻ³¹ tɕia⁵³ a³¹.
　茄子　没　有　花　　空闲不　小孩知道 说　假　不

　　茄子不开虚花，小孩不说假话。

56. hən³⁵ li⁵³ lau¹³, lau¹³ li⁵³ ɬuŋ³⁵.
　人　骗　地　　地　骗　肚子

　　人哄地皮，地哄肚皮。

57. bei³⁵ muŋ⁵³ tau³¹ laŋ³¹kun³³ ha⁵⁵ a³¹, bei³⁵ m̩³¹aŋ³¹ tau³¹ laŋ³¹kun³³ dʐu¹³ a³¹.
　有　饭　别　乱　　吃不　有　柴火　别　乱　　烧不

　　有饭别乱吃，有柴别乱烧。

58. tau³¹ lo³¹ ki³¹tʂau³¹ vei³¹ a³¹, tɕiu³¹ lo³¹ pu³¹ko¹³ pi³¹ne³³.
　别　怕　山顶　高　不　就　怕　腿　软

　　不怕山高，只怕腿软。

59. mei³¹ha⁵⁵ lo³¹ dʐɻ¹³ a³¹, n̠iu³¹ lo³¹ ẓuŋ¹³ a³¹.
　粮食　怕　剩　不　盐　怕　烂　不

　　粮食不怕剩，盐巴不怕腐。

60. nuŋ³¹ dʐau³¹ lau³¹ dʐau³¹ vei³¹ dʐau³¹ lo⁵³, ɬu³³ ŋ̍³¹ lau³¹ ŋ̍³¹ lian⁵³ ŋ̍³¹ tən³⁵.
　上　山　知　山　高　山　低　入　水　知　水　深　水　浅

　　上山知山高山低，下水知水深水浅。

61. ta⁵⁵ li³¹ bei¹³ ba³⁵, mau³¹au³¹ li³¹ bei¹³ ma³⁵.
　哥　大　是　父　嫂　　大　是　母

　　长兄为父，长嫂为母。

62. do¹³ẓɻ³¹ nai³¹pau⁵³ plo¹³, ha³¹ke³¹ ha⁵⁵ n̠iau³³ kei³¹ ha⁵⁵n̠iau³³.
　天空　雪花　飘　哈给　吃　肉　叫　哈挠

　　天上雪花飘，"哈给"吃肉叫"哈挠"（仡佬语音译）。

63. do¹³ẓɻ³¹ du³¹mən³¹ kei³¹ mən³¹du³¹, ha³¹ke³¹ ha⁵⁵ n̠iau³³ kei³¹ ha⁵⁵n̠iau³³.
　天空　下雨　叫　门杜　哈给　吃　肉　叫　哈挠

　　天上下雨叫"门杜"（仡佬语音译），"哈给"吃肉叫"哈挠"。

64. m³¹zo³¹ ka⁵³ bei¹³ dʐau³¹ ŋ̩³³bu¹³, pai³⁵ pzi³¹ tɕio⁵³ ta³¹dʐuo¹³ nai³¹.
    雷　　打　坡　山　　对门　　火　烧　脚　　凳子　　这

　　雷打对门坡，火烧板凳脚。(雷声虽然在对门的山坡上响，可是火却烧到自己坐的板凳腿了。看似讲别人，实际上是讲自己。)

65. do¹³zʅ³¹ du³¹mən³¹ do¹³zʅ³¹ laŋ⁵⁵, a³³ɕiu⁵³ tau³¹ taŋ³¹ va⁵³ paŋ³³laŋ⁵⁵.
    天空　下雨　　天空　黑　　辣椒　结果　挂　铃铛

　　天要下雨天空黑，辣椒结果像铃铛。

　　li³¹mei³³li³¹muo³¹, li³¹mei³³ suo³¹o³³,
　　姑娘　大来　　姑娘　漂亮

　　pu³¹kai⁵³ tʂau⁵⁵tʂaŋ³³ təu³¹ muo³¹kai⁵³ tʂau⁵⁵tʂaŋ³³.
　　公鸡　花　　　逗　母鸡　花

　　姑娘长大，长得漂亮，花公鸡逗花母鸡。

66. taŋ³¹ taŋ³¹ muo³¹ taŋ³¹ taŋ³¹ pai³⁵, taŋ³¹ taŋ³¹ pai³⁵ muo³¹ ha⁵³ di³¹ tai³⁵;
    慢　慢　来　慢　慢　走　　慢　慢　走　来　吹　叶　木

　　慢慢来慢慢走，慢慢走来吹木叶；

　　di³¹ tai⁵³ ta⁵³ dʐau¹³ mi³¹ha³³te⁵³, sa³³ hən³¹ li³¹lo³⁵ tu³³tshʅ³¹ pai³⁵.
　　叶　木　搭　在　嘴唇　　　两　个　小伙　比赛　　走

　　木叶搭在嘴唇上，两个小伙比赛走。

67. la¹³ laŋ⁵⁵ ha⁵⁵ m³¹ti³⁵—lau³¹ ko³¹ na³¹ a³¹.
    摸　黑　吃　黄瓜　知道　头　哪　不

　　摸黑吃黄瓜——不知道哪头。

68. tɕhi⁵⁵ tau¹³ ti³¹ m³¹pzi³¹—o³³ ha⁵⁵ o³³ vaŋ⁵³ a³¹.
    玉米　做　的　粑粑　　好吃　好　看　不

　　玉米做的粑粑——好吃不好看。

69. tɕie⁵³ hau⁵³ tau¹³ khui³⁵—lei⁵³ tshən⁵⁵ a³¹.
    铁　熟　做　铧口　犁　成　不

　　熟铁做铧口——犁(离)不成。

隆林仡佬语　玖·说唱表演

70. həu³⁵ vu³¹ taŋ⁵³ tau¹³ paŋ³⁵ liaŋ⁵³ həu³⁵—sa³³ai⁵³ vu³³ na³⁵.
布　白　落　到　缸　染　布　洗　去　不

　　白布落进染缸里——洗不干净了。

71. bu³¹tau³¹ ka⁵³ tei³³o³⁵—sa³³ li³¹ tsʅ³¹ple³¹.
菜刀　打　豆腐　两　面　光滑

　　菜刀切豆腐——两面光。

72. ka⁵³ thi³⁵ thi³¹ ma³¹ m̩³¹tsui³³tsʅ³¹ a³¹—ple³¹ o³³.
打　底　鞋　要　锥子　　不　针　好

　　纳鞋底不用锥子——针（真）好。

73. zʅ³¹kui⁵³ laŋ⁵³ ŋ̩³¹—suo³³ haŋ³¹ ʔai⁵³lu¹³ a³¹.
筛子　装　水　不　喝　够　不

　　筛子装水——喝不够。

74. ve³¹ ha⁵³ di³¹ m̩³¹pa³³tɕiau³³—sʅ³¹ li³¹ sʅ³¹ ʂuŋ⁵³.
风　吹　叶　芭蕉　　　一　面　一　样

　　风吹芭蕉叶——一面一个样。

75. ko³¹tʂha⁵⁵ m̩³¹tai⁵³ bei³⁵ laŋ³¹ di¹³,
丫　　树　有　个　碗

mən³¹ li³¹ mən³¹ tiaŋ³³ suo³³ laŋ⁵³ ti³¹ a³¹
雨　大　雨　小　不　装　满　不

—tʂa³³ m̩³¹naŋ⁵³.
窝　鸟

　　树丫上有个碗，大雨小雨装不满——鸟窝。

76. ma³⁵ m̩³¹ vei³¹, ma³⁵ ki⁵³ lau³¹,
妈　你　高，妈　家　矮

ma³⁵ ki⁵³ me⁵³ ma³⁵ m̩³¹ lau³¹.
妈　家　抱　妈　你　腰

—n̠a³¹ khau³¹ piau³⁵, ka³³ li³¹.

　甑　烤　酒　　锅　大

　你妈高，我妈矮，我妈抱着你妈腰——烤酒的甑子和大锅。

77. i³¹ n̠o⁵³ m³¹ tshai³¹, i³¹ me³¹ m³¹ tṣa⁵³—tṣa⁵³ tau³³.

　我 说 你 猜　我 抓 你 铡　铡 刀

　我说你猜，我抓你铡——铡刀。

78. lau³¹ kaŋ³¹ to³⁵, lau³¹ sei³⁵ kei³¹ a³¹—pai³³miu³¹.

　会 洗 脸　会 梳 头 不 猫

　会洗脸不会梳头——猫。

79. sʅ³¹ muo³¹ ka³¹kəu⁵³ me³¹ ʑe³⁵ au⁵⁵,

　一 根　钩 子　把 横　放

da¹³ bu¹³ ha⁵⁵ muŋ⁵³ da¹³ lau³¹ du³¹di¹³.

　从 嘴 吃 饭　从 腰 出 来

—dzo̠³¹ho³⁵.

　石磨

　一根弯钩横着放，从嘴吃饭从腰出来——石磨。

80. pɪ³¹ paŋ³⁵ ŋ̠³⁵ ko¹³sei⁵³, ŋ̠³⁵ təu³⁵ jəu³¹ ŋ̠³⁵ piau³¹—tən³¹ tɕhio³³.

　踩 着 狗 尾 巴　狗 跳 又 狗 叫　春 碓

　踩着狗尾巴，狗又跳又叫——春碓。

（何正安讲述，2018 年 8 月 25—26 日）

隆林仡佬语　玖·说唱表演

1. 交断气猪

a³¹, sʅ³¹ hən³¹ pu³¹li³¹ a³¹, bei¹³ pu³¹ he³³ a³¹, sʅ³¹ hən³¹ pu³¹ de³¹ a³¹, bei¹³pu³¹ tɕin⁵⁵
啊 一 个 祖公啊 是 公黑啊 一 个 公 小啊 是 公 金

a³¹. ha³⁵nai³¹ a³¹, tʂau³⁵ da³¹ a³¹, pən³¹ tʂau³⁵ hei⁵⁵ a³¹. a³¹, ɕi³¹ pho³¹ li³¹ ma³¹, ta⁵⁵
啊 今天 啊 七 月啊 初 七 日 啊啊 一 帮 孩子嘛 拿

pu⁵⁵ laŋ³¹ piau³⁵ a³¹, pu⁵⁵ laŋ³¹ mi³³ la⁵⁵ m̩³¹ ja³¹, ta⁵⁵ la⁵⁵ m̩³¹ haŋ³¹ a³¹. ma³¹ ta⁵⁵
四 个 酒 啊 四 个 茶 给 你啊 拿 给 你 喝 啊 要 拿

ɕi³¹ ɕie³¹ mau³⁵ kuŋ³³ ja³¹, ta⁵⁵ ɕi³¹ ɕie³¹ mau³⁵ kau³¹ la⁵⁵ m̩³¹, la⁵⁵m̩³¹ liŋ³³ vu³³ ja³¹.
一 头 猪 前 啊 拿 一 头 猪 后 给 你 给 你 领 去 啊

pu³¹ he³³ ja³¹, la⁵⁵m̩³¹ liŋ³³ a³¹! m̩³¹ ta³¹ vai³¹ ta³¹ vei³¹ la⁵⁵ n̩³¹ a³¹! la⁵⁵ ɕi³¹ pho³¹
公 黑啊 给 你 领啊 你 拿 力气 拿 官 给 他啊 给 一 帮

li³¹ ma³¹ pe³¹ dʐuo³¹tʂʰən⁵⁵ ja³¹, la⁵⁵ pe³¹ dʐuo³¹ zai³¹, ti³¹ bei¹³ m̩³¹ pu³¹ he³³ ja³¹,
孩子要 得 命 长久啊 给 得 命 长 才 是 你 公 黑啊

ta³¹ vai³¹ ta³¹ vei³¹ te⁵⁵! ma³¹ ta³¹ vai³¹ ta³¹ vei³¹ la⁵⁵ n̩³¹ a³¹. la⁵⁵ pe³¹ lai³¹, la⁵⁵
拿 力气 拿 官 的 要 拿 力气 拿 官 给 他呀 给 得 孙子 给

pe³¹ li³¹, ti³¹ bei¹³ m̩³¹ pu³¹ he³³ ta³¹ vai³¹ ta³¹ vei³¹ te⁵⁵!
得儿子 才 是 你公 黑拿 力气 拿官 的

啊，一个祖公啊，是黑公（姓黑的老年男性）啊；一个小公啊，是金公（姓金的老年男性）啊。今天啊，七月啊，初七日啊。啊，一帮孩子嘛，拿四杯酒、四碗茶给你啊，拿给你喝啊。拿一只猪前腿啊，拿一只猪后腿给你，让你领去啊。黑公啊，让你领啊。使劲让子孙做官啊！你要保佑这帮孩子有寿命啊，要能够长命。这样，才是你黑公啊，尽力让子孙做官呀！你要使劲让子孙做官啊！让子孙得到孙子，让子孙得到儿子，才是你黑公使劲让子孙做官啊！

ma³¹ ta³¹ vai³¹ ta³¹ vei³¹ la⁵⁵ n̩³¹ ja³¹! la⁵⁵ pe³¹ dʐuo³¹ haŋ⁵⁵ ja¹³, la⁵⁵ pe³¹ dʐuo³¹
要 拿 力气 拿 官 给 他 呀　 给 得 命 金 呀 给 得 命

n̩e³⁵, ti³¹ bei¹³ m̩³¹ pu³¹ he³³ ta³¹ vai³¹ ta³¹ vei³¹ te⁵⁵! ma³¹ ta³¹ vai³¹ ta³¹ vei³¹ la⁵⁵
银　 才 是 你 公 黑 拿 力气 拿 官 的　 要 拿 力气 拿 官 给

n̩³¹ ja³¹! la⁵⁵ pe³¹ tɕi³¹ ŋau⁵⁵ ja³¹, la⁵⁵ pe³¹ tɕi³³ pla³¹, ti³¹ bei¹³ m̩³¹ pu³¹ he³³
他 呀　 给 得 褂子 啊　 给 得 裤子　 才 是 你 公 黑

ta³¹ vai³¹ ta³¹ vei³¹ te⁵⁵! ma³¹ ta³¹ vai³¹ ta³¹ vei³¹ la⁵⁵ n̩⁵³ a³¹! la⁵⁵ pe³¹ kun³³ n̩ai³¹
拿 力气 拿 官 的　 要 拿 力气 拿 官 给 他 呀　 给 得 路 牛

ja³¹, pe³¹ kun³³ n̩o³³, ti³¹ bei¹³ m̩³¹ pu³¹ he³³ ta³¹ vai³¹ ta³¹ vei³¹ te⁵⁵! ma³¹ ta³¹ vai³¹
啊 得 路 马 才 是 你 公 黑 拿 力气 拿 官 的　 要 拿 力气

ta³¹ vei³¹ la⁵⁵ n̩⁵³ a³¹! la⁵⁵ pe³¹ dʑi³¹ kai⁵⁵ je³¹, la⁵⁵ pe³¹ dʑi³¹ muŋ³¹, ti³¹
拿 官 给 他 呀　 给 得 仓 粮 耶 给 得 仓 稻谷 才

bei¹³ m̩³¹ pu³¹ he³³ ta³¹ vai³¹ ta³¹ vei³¹ te⁵⁵! ma³¹ ta³¹ vai³¹ ta³¹ vei³¹ la⁵⁵ n̩⁵³ a³¹!
是 你 公 黑 拿 力气 拿 官 的　 要 拿 力气 拿 官 给 他 呀

la⁵⁵ thaŋ⁵⁵ mei³¹ ha⁵⁵ ja³¹, m̩³¹ dʑi³¹ khia⁵³ ja³¹, ta³³ ka⁵³ ʂau³³ o³³ a³¹, m̩³¹ dʑi¹³ n̩ia³¹
给 种 粮食 呀 虫　 啊 不 打 嫩苗 不 虫

ta³³ ka⁵³ ɕi³¹ i⁵⁵ a³¹, ti³¹ bei¹³ m̩³¹ pu³¹ he³³ ta³¹ vai³¹ ta³¹ vei³¹ te⁵⁵! ma³¹
不 打 根 不 才 是 你 公 黑 拿 力气 拿 官 的　 要

ta³¹ vai³¹ ta³¹ vei³¹ la⁵⁵ n̩⁵³ a³¹! la⁵⁵ thaŋ⁵⁵ mei³¹ ha⁵⁵ ja³¹, jau³³ pe³¹ mei³¹ ha⁵⁵
拿 力气 拿 官 给 他 呀　 给 种 粮食 啊 收 得 粮食

a³¹, la⁵⁵ pe³¹ ʐau³¹ dʑi³¹ muŋ³¹ lei³³ ja³¹, ʂau³³ dʑi³¹ muŋ³¹ ka⁵⁵, ti³¹ bei¹³ m̩³¹
啊 给 得 八 仓 米 糯 啊 九 仓 米 黏 才 是 你

pu³¹ he³³ ta³¹ vai³¹ ta³¹ vei³¹ te⁵⁵!
公 黑 拿 力气 拿 官 的

要使劲让子孙做官啊！让子孙得到金命呀，让子孙得到银命，才是你黑公使劲让子孙做官的！要使劲让子孙做官啊！让子孙得到褂子啊，让子孙得到裤子，才是你黑公使劲让子孙做官的！要使劲让子孙做官啊！让子孙得到牛路（比较宽阔的大路）啊，得到马路（比较宽阔的大路）呀，才是你黑公使劲让子孙做官的！要使劲让子孙做官啊！让子孙得到粮仓呀，让子孙得到谷仓，才是你黑公使劲让子孙做官的！要使劲让子孙做官啊！让子孙种粮食呀，虫啊，不吃子孙的嫩苗，不吃苗根，才是你黑公使劲让子孙做官的！要使劲让子孙做官啊！让子孙种粮食啊，收到粮食啊；让子孙得到八仓糯米啊，九仓黏米，才是你黑公使劲让子孙做官的！

ma³¹ ta³¹ vai³¹ ta³¹ vei³¹ la⁵⁵ n̥⁵³ a³¹！ la³³ tau¹³ phuo⁵⁵ dzau³¹ jau³³ dza³¹pei⁵⁵ ja³¹,
要 拿 力气拿官 给他呀 给到 坡 山 收 草 啊

dza³¹pei⁵⁵ ta³³ he³¹ pu³¹mei³¹ a³¹ ja⁵⁵; jau³³ m³¹aŋ³¹ a³¹, （m³¹aŋ³¹ ta³³ tha⁵⁵）m³¹n̪ia⁵³
草 不割手 不呀 收柴 啊 （柴 不 刺） 刺

ta³³tha⁵⁵ pu³¹ku⁵⁵ a³¹！ ti³¹ bei¹³ m³¹ pu³¹ he³³ ta³¹ vai³¹ ta³¹ vei³¹ te⁵⁵！ ma³¹ ta³¹ vai³¹
不刺脚 呀 才是你公黑拿力气拿官 的 要拿力气

ta³¹ vei³¹ la⁵⁵ n̥⁵³ a³¹！ ɕi³¹ pzi³¹ pe³¹ɕiau³³ ta³¹ ja³¹, la⁵⁵ ta³¹ kuŋ⁵⁵ a³¹, pu³¹kei³¹
拿官 给他呀 一 年 十二 月 啊 给做工 啊 头

ta³³ zaŋ³³ a³¹, pu³¹ɕie³⁵ ta³³ zei¹³ a³¹！ ti³¹ bei¹³ m³¹ pu³¹ he³³ ta³¹ vai³¹ ta³¹ vei³¹ te⁵⁵！
不累不，身子 不痛 不 才 是 你公黑拿力气拿官 的

要使劲让子孙做官啊！让子孙到山坡收草啊，草不割手呀；收柴啊，刺不扎脚呀！才是你黑公使劲让子孙做官的！要使劲让子孙做官啊！一年十二个月啊，让子孙做工啊，头不痛，身子不累，才是你黑公使劲让子孙做官的！

e³¹, tɕio³¹ la⁵⁵ m³¹ po¹³ fe³¹. ta³¹ haŋ⁵⁵ n̥e³⁵ haŋ⁵⁵ li³¹ la³³ m³¹ a³¹, la³³ m³¹ liŋ³³
哎 交 给你 完了 拿 金 银 金 两 给你 啊 给你 领

vu³³ ke³¹！ ma³¹ ta³¹ vai³¹ ta³¹ vei³¹！ la³³ ɕi³¹ pho³¹ li³¹lun⁵⁵ ma³¹, ɕi³¹ pho³¹
去呀 要 拿力气拿官 给一 帮 重孙 啊 一 帮

li³¹ lai³¹ ma³¹, la⁵⁵ pe³¹ dzuo³¹ tʂhən³¹ a³¹, la⁵⁵ pe³¹ dzuo³¹ zai³¹, ti³¹ bei¹³
儿子孙子啊 给 得 命 长久呀 给 得 命 长 才是

m³¹ pu³¹ he³³ ta³¹ vai³¹ ta³¹ vei³¹ te⁵⁵！
你公黑 拿力气拿官 的

哎！交给你的东西给完了。拿金银给你啊，让你领去呀。要使劲让子孙做官啊！让一帮重孙啊，一帮儿孙啊，让他们得到寿命呀，让他们得到长命，才是你黑公使劲让子孙做官的！

（勾春祥讲述，2018 年 8 月 17 日）

中国语言文化典藏

2. 献饭

a³¹, sʅ³¹ hən³¹ pu³¹li³¹ a³¹, bei¹³ pu³¹ he³³ a³¹; sʅ³¹ hən³¹ pu³¹ de³¹ a³¹, bei¹³ pu³¹ tɕin⁵⁵
啊　一个　祖公啊　是　公黑啊　一个　公小啊　是　公金

a³¹. ha³⁵nai³¹ a³¹, tʂau³⁵ da³¹ pən³¹ tʂau³⁵ hei⁵⁵ a³¹. te¹³ʔuo³¹ tɕio³¹ sən³⁵ la³³ m̩³¹ a³¹;
啊　今天　啊　七月　初　七　日啊　刚才　交　牲口给你呀

ti³¹li³¹ ko³¹, hei⁵⁵ muŋ³¹ la³³ m̩³¹ ha⁵⁵ ja³¹. hei⁵⁵ la³³ m̩³¹ ha⁵⁵ vei³¹, la³³ m̩³¹ ha⁵⁵
现在呀　献饭　给你吃啊　献给你吃哇　给你吃

muŋ³¹ ja³¹. pu³¹ tɕin⁵⁵ ja³¹, pu⁵⁵ laŋ³¹ piau³⁵ ja³¹, pu⁵⁵ laŋ³¹ n̠iau³³ ja³¹, pu⁵⁵ laŋ³¹
饭　啊公金啊　四个　酒啊　四个　肉　啊　四个

muŋ³¹ ja³¹, pai⁵⁵ la³³ m̩³¹ ha⁵⁵ ja³¹, pai⁵⁵ la³³ m̩³¹ haŋ³¹ a³¹, la³³ m̩³¹ ha⁵⁵ vei³¹ a³¹.
饭　啊　摆给你吃啊　摆　给你喝啊　给你吃哇啊

ma³¹ ta³¹ vai³¹ ta³¹ vei³¹ la⁵⁵ n̩³¹ a³¹！ɕi³¹ pho³¹ li³¹　la⁵⁵ pe³¹ dʐuo³¹ tʂhən⁵⁵ ja³¹,
要　拿力气拿　官　给他啊　一　帮　孩子给得　命　长久　啊

la⁵⁵ pe³¹ dʐuo³¹ zai³¹, ti³¹ bei¹³ m̩³¹ pu³¹ he³³ ta³¹ vai³¹ ta³¹ vei³¹ te⁵⁵！
给得　命　长　才是　你公　黑　拿力气拿官　的

啊，一个祖公啊，是黑公啊；一个小公啊，是金公啊。今天啊，七月初七啊。刚才交牲口给你呀；现在呀，献饭给你吃啊。献给你吃呀，让你吃饭啊。金公啊，四碗酒啊，四碗肉啊，四碗饭啊，摆给你吃啊，摆给你喝啊。要使劲让子孙做官啊！一帮孩子，你要让他们得到寿命啊，让他们得到长命，才是你黑公使劲让子孙做官的！

ma³¹ ta³¹ vai³¹ ta³¹ vei³¹ la⁵⁵ n̩⁵³ a³¹！la⁵⁵ pe³¹ lai³¹, la⁵⁵ pe³¹ li³¹, ti³¹ bei¹³ m̩³¹
要　拿力气拿　官　给他呀　给得　孙　给得子　才是你

pu³¹ he³³ ta³¹vai³¹　ta³¹ vei³¹ te⁵⁵！ma³¹ ta³¹ vai³¹　ta³¹ vei³¹ la⁵⁵ n̩⁵³ a³¹！la⁵⁵ pe³¹
公黑　拿力气拿官　的　要拿力气拿官给他呀　给得

dʐuo³¹ haŋ⁵⁵ ja³¹, la⁵⁵ pe³¹ dʐuo³¹ n̠e³⁵, ti³¹ bei¹³ m̩³¹ pu³¹ he³³ ta³¹ vai³¹ ta³¹
命　金啊给得命　银　才是你公黑拿力气拿

vei³¹ te⁵⁵！ma³¹ ta³¹ vai³¹ ta³¹ vei³¹　la⁵⁵ n̩⁵³ a³¹！la⁵⁵ pe³¹ tɕi³¹ŋau⁵⁵ ja³¹, la⁵⁵
官　的　要拿力气拿官给他呀　给得衣服　啊　给

隆林仡佬语　玖·说唱表演

pe³¹ tɕi³¹ta³³, ti³¹ bei¹³ m̥³¹ pu³¹ he³³ ta³¹ vai³¹ ta³¹ vei³¹ te⁵⁵！ ma³¹ ta³¹ vai³¹ ta³¹
得 裤子 才是 你公黑 拿 力气 拿 官 的 要 拿 力气 拿

vei³¹ la⁵⁵ n̥⁵³ a³¹！ la⁵⁵ pe³¹ kun³³ ȵai³¹ ja³¹, la⁵⁵ pe³¹ kun³³ n̥o³³, ti³¹ bei¹³
官 给 他 呀 给 得 路 牛 啊 给 得 路 马 才是

m̥³¹ pu³¹he³³ ta³¹ vai³¹ ta³¹ vei³¹ te⁵⁵！ ma³¹ ta³¹ vai³¹ ta³¹ vei³¹ la⁵⁵ n̥⁵³ a³¹！ la⁵⁵
你公黑 拿 力气 拿 官 的 要 拿 力气 拿 官 给 他 呀 给

pe³¹ thaŋ⁵⁵ mei³¹ha⁵⁵ ka³¹, m̥³¹dʑi¹³ke⁵⁵, m̥³¹dʑi¹³ȵia⁵³, ta³³ ka⁵³ ɕi³¹i⁵⁵ ja⁵⁵, ta³³
得 种 粮食 啊 一种 虫 一种 虫 不 打 根 呀 不

ka⁵³ ʂau³³o³³ a³¹, ti³¹ bei¹³ m̥³¹ pu³¹ he³³ ta³¹ vai³¹ ta³¹ vei³¹ te⁵⁵！ ma³¹ ta³¹ vai³¹ ta³¹
打 嫩苗 不 才是 你公黑 拿 力气 拿 官 的 要 拿 力气 拿

vei³¹ la⁵⁵ n̥⁵³ a³¹！ thaŋ⁵⁵ mei³¹ha⁵⁵ ja³¹, jau³³ mei³¹ha⁵⁵ muo³¹ ko³¹; la⁵⁵ pe³¹
官 给 他 呀 种 粮食 啊 收 粮食 来 啦 给 得

ʐau³¹ dʑi³¹ muŋ³¹ lei³³ ja³¹, ʂau³¹ dʑi³¹ muŋ³¹ ka⁵⁵, ti³¹ bei¹³ m̥³¹ pu³¹ he³³ ta³¹
八 仓 米 糯 啊 九 仓 米 黏 才是 你公黑 拿

vai³¹ ta³¹ vei³¹ te⁵⁵！
力气 拿 官 的

　　要使劲让子孙做官啊！让子孙得到儿子，让子孙得到孙子，才是你黑公使劲让子孙做官的！要使劲让子孙做官啊！让子孙得到金命啊，让子孙得到银命，才是你黑公使劲让子孙做官的！要使劲让子孙做官啊！让子孙得到衣服啊，让子孙得到裤子，才是你黑公使劲让子孙做官的！要使劲让子孙做官啊！让子孙得到牛路啊，让子孙得到马路，才是你黑公使劲让子孙做官啊！要使劲让子孙做官啊！让子孙种粮食啊，虫不吃苗根呀，不吃嫩苗，才是你黑公使劲让子孙做官啊！要使劲让子孙做官啊！让子孙种粮食啊，收粮食呀，让子孙得到八仓糯米啊，九仓黏米，才是你黑公使劲让子孙做官的！

ma³¹ ta³¹ vai³¹ ta³¹ vei³¹ la⁵⁵ n̥⁵³ a³¹！ tau³¹ phuo⁵⁵ dʐau³¹ jau³³ dʐa³¹pei⁵⁵ ja³¹, dʐa³¹pei⁵⁵
要 拿 力气 拿 官 给 他 呀 到 坡 山 收 草 啊 草

ta³³ khe³¹ pu³¹mei³¹ a³¹; jau³³ m̥³¹aŋ³¹ ja³¹, m̥³¹ȵia⁵³ ta³³ tha⁵⁵ pu³¹ku⁵⁵ a³¹, ti³¹ bei¹³
不 碰 手 不 收 柴 啊 刺 不 刺 脚 不 才是

m³¹ pu³¹ he³³ ta³¹ vai³¹ ta³¹ vei³¹ te⁵⁵! ma³¹ ta³¹ vai³¹ ta³¹ vei³¹ la⁵⁵ n̩⁵³ a³¹! çi³¹
你 公 黑 拿 力气 拿 官 的 要 拿 力气 拿 官 给 他 呀 一

pzi³¹ çi³¹ pe³¹ çiau³³ ta³¹ ja³¹,（ta³¹）la⁵⁵ tau³¹（ta³¹）kuŋ⁵⁵ a³¹, pu³¹kei³¹ ta³³
年 一 十 二 月 啊 （打）给 做 （打）工 啊 头 不

zei¹³ a³¹, pu³¹çie³⁵ ta³³ zaŋ³³ a³¹, ti³¹ bei¹³ m³¹ pu³¹ he³³ ta³¹ vai³¹ ta³¹ vei³¹ te⁵⁵!
痛 不 身子 不 累 不 才 是 你 公 黑 拿 力气 拿 官 的

ta³¹ la⁵⁵ m³¹ ha⁵⁵ a³¹, ta³¹ la⁵⁵ m³¹ haŋ³¹ a³¹. ti³¹li³³ a³¹, ma³¹ ta³¹（ta³¹ti³¹li³³）haŋ⁵⁵
拿 给 你 吃 啊 拿 给 你 喝 啊 现在 啊 要 拿（拿现在）金

n̩e³⁵ haŋ⁵⁵ li³¹ la³³ m³¹ a³¹, la³³ m³¹ liŋ³³ vu³³ a³¹, liŋ³³ vu³³ e³¹. ma³¹ ta³¹ vai³¹ ta³¹
银 金 两 给 你 啊 给 你 领 去 啊 领 去 哎 要 拿 力气 拿

vei³¹ la⁵⁵ n̩⁵³ a³¹! çi³¹ pho³¹ li³¹ ma³¹, çi³¹ pho³¹ li³¹lun⁵⁵ ma³¹, çi³¹ pho³¹ li³¹la⁵⁵
官 给 他 呀 一 帮 孩子 嘛 一 帮 重孙 嘛 一 帮 孙子

a³⁵, ta³³ la³³ n̩⁵³ təu³³ məu⁵⁵zaŋ⁵³ məu⁵⁵zu¹³ a³¹,（la⁵⁵）çi³¹ pzi³¹ çi³¹ pe³¹ çiau³³ ta³¹
啊 不 给 他 惹 感冒 咳嗽 不（给）一 年 一 十 二 月

ja³¹, ta³³ la³³ n̩⁵³ təu³³ məu⁵⁵zaŋ⁵³ məu⁵⁵zu¹³ a³¹, ti³¹ bei¹³ m³¹ pu³¹ he³³ ta³¹ vai³¹
啊 不 给 他 惹 感冒 咳嗽 不 才 是 你 公 黑 拿 力气

ta³¹ vei³¹ te⁵⁵!
拿 官 的

要使劲让子孙做官啊！到山坡收草啊，草不割手；收柴啊，刺不扎脚呀，才是你黑公使劲让子孙做官的！要使劲让子孙做官啊！一年十二个月啊，让子孙做工啊，头不痛，身子不累，才是你黑公使劲让子孙做官的！拿给你吃啊，拿给你喝啊！现在啊，要拿金银给你啊，让你领去啊，领去啊。要使劲让子孙做官啊！一帮儿子嘛，一帮重孙嘛，一帮孙子啊，不要让他感冒咳嗽了；一年十二个月啊，不要让他感冒咳嗽了，才是你黑公使劲让子孙做官的！

（勾春祥讲述，2018年8月17日）

293

1. 放牛娃和鱼姑娘

sa³³bi⁵³kuŋ³³, bei³⁵ sๅ³¹ hən³¹ li³¹pu³³, au³¹ la³³ paŋ³³ ka¹³ki³¹ pu³¹hei³⁵ nu³¹ zo̠³¹ ɲai³¹,
从前　　　有 一 个 孤儿 他 给 帮 家　财主 那 放 牛

fe³³ fe³³ zo̠³¹ tau¹³ da¹³ ŋ³¹ tau¹³. bei³⁵ sๅ³¹ fe³³, au³¹ pla³¹ dʐau¹³ ma³¹ tɕiaŋ⁵³ tau¹³
天 天 放 到 边 水 到. 有 一 天 他 守 在　要 傍晚 到

a³¹ tsๅ³¹bei³¹, au³¹ ko³⁵ bei³⁵ pho³¹ hən³⁵, dʐau¹³ da¹³ ŋ³¹, tau¹³ lau⁵³zei¹³ fe³¹.
啊 时候 他 看见 有 帮 人 在 边 水 搞 热闹 完

au³¹ ʐau³⁵ la³¹ dʐau⁵³, dʐau⁵³ ko³⁵ hən³⁵ pho³¹ nu³¹, me³¹ pe³¹ ɕi³¹ m³¹plo³⁵.
他 跑 来 看 看 见 人 帮 那 抓 得 条 鱼

m³¹plo³⁵ nu³¹dʐau¹³thau³¹ ʐau³⁵, phi³¹pha⁵⁵ phi³¹ duo³¹, di³¹na³¹ sๅ³¹ suo³³ phi³¹ ple¹³
鱼 　那 在 网 里　跳 上 跳 下　怎么 也 不 跳 脱

a³¹. pu³¹hei³⁵ nai³¹ hən³⁵ pho³¹ nu³¹ me³¹ m³¹plo³⁵（pei³¹）　ɕi³¹ nu³¹ muo³¹ ki³¹, fei⁵⁵
不 财主 这 人 帮 那 抓 鱼 （多出的音） 条 那 来 家 夜晚

i³¹tɕiaŋ⁵³ tɕiu³¹ me³¹ taŋ³¹ ha⁵⁵ ka³¹. ka¹³ pu³¹hei³⁵ nu³¹ pho³¹ nu³¹, taŋ³¹ m³¹plo³⁵
晚上 就 把 煮 吃 啦 家 财主 那 帮 那 煮 鱼

nu³¹ ha⁵⁵ sai³¹ haŋ³¹ laŋ⁵⁵. pu³¹tʂuo³³ nu³¹, təu³⁵ bu³¹kei³¹ m³¹plo³⁵ suai³¹ kuŋ³³ li³¹i³³.
那 吃 饱 喝 醉 老头 那 提 头 鱼 甩 前 小孩

sa³³ li³¹i³³ ŋo̠⁵³: "li³¹i³³, m³¹ phei⁵³ sa³³ tau⁵³ 　ha⁵⁵ ɲiau³³ m³¹plo³⁵ a³¹. nai³¹ bei³⁵
和 小孩 告诉 小孩 你 配 和 我们 吃 肉 鱼　 不 这 有

laŋ³¹ bu³¹kei³¹ m³¹plo³⁵, m³¹ ta⁵⁵ ŋau³¹ ŋ³¹ haŋ³¹." li³¹ zo̠³¹ ɲai³¹ me³¹ pu³¹kei³¹
个 头 鱼 你 拿 熬 水 喝 小孩 放 牛 把 头

m³¹plo³⁵ təu³⁵ tau¹³ fu⁵³ ɲai³¹ ʐau³⁵ tsau⁵³ pha⁵⁵ tsau⁵³ duo³¹, sๅ³¹te³¹ taŋ³¹ ha⁵⁵ a³¹.
鱼 提 到 圈 牛 里 看 上 看 下　舍得 煮 吃 不

ha⁵³bi³¹tɕiaŋ⁵³ au³¹ ŋai³¹ no⁵⁵ ŋau⁵³ a³¹.
那晚上　　他 挨 饿 睡觉 啦

　　从前，有一个孤儿，给财主家放牛，每天都到水边去放牛。有一天，天将要黑的时候，他看见一帮人在水边玩得很热闹。他跑了过去，看见那帮人正在抓一条鱼。那鱼在网里跳上跳下地挣扎着，怎么也逃脱不了。财主家的那帮人抓着了那条鱼并拿回家，当晚就把鱼煮着吃了。那帮人吃饱了，也喝醉了。其中一个老头提着鱼头，扔到小孩面前，对小孩说："小孩，你不配和我们一道吃鱼肉。这里有一个鱼头，你拿去熬汤喝吧。"放牛娃把鱼头拎到牛圈里，上看下看，舍不得煮了吃。那天晚上，他就饿着肚子睡觉了。

ŋau⁵³　 dzau¹³ to³¹fei⁵⁵,　au³¹ tɕiu³¹ ŋau⁵³ pe³¹ a³¹.　ŋau⁵³　pe³¹ ko³⁵ bei³⁵ sʅ³¹ hən³¹
睡觉　 在 半夜　　他 就　睡觉梦 啦 睡觉 梦见　有 一 个

li³¹mei³³ tʂhu⁵³ ta¹³　ŋ̩³¹ zau³⁵ muo³¹,　sʅ³¹ hən³¹ suo³¹o³¹ laŋ³¹pia³⁵.　li³¹mei³³ nu³¹
姑娘　出 从 水里 来　　一 个 漂亮 非常　　姑娘 那

ŋ̩³¹ dzuo¹³　ti³¹ liuŋ¹³ a³¹.　sa³³ ŋ̩³¹ ŋo⁵³: "ta⁵⁵　 zo³¹ nai³¹,　ha³⁵nai³¹ i³¹ paŋ¹³ hən³⁵
水 眼睛 满 滚 呢 和 他 说　　哥哥 放 牛　今天　我 挨 人

pho³¹ nu³¹ me¹³ i³¹ vu³³.　pho³¹ nu³¹ me³¹ pu³¹ɕie³⁵ i³¹ me³¹ ha⁵⁵ bo³⁵ a³¹.　di³¹li³³
帮 那 抓 我 去 帮　那 把 身子 我 把 吃 完 啊　现在

i³¹ sa³¹tsʅ³⁵ laŋ³¹ pu³¹kei³¹ na³¹.　su³¹nuŋ³³ m̩³¹ təu³⁵ pu³¹kei³¹ m̩³¹plo³⁵ nu³¹ muo³¹ da¹³
我 只 有 个 头　 呢 明天　 你 提 头　 鱼　那 来 边

ŋ³¹ nai³¹.　ta³³ baŋ⁵³i³¹ ʂau³³ pu³¹ɕie³⁵ m̩³¹plo³⁵,　mc³¹ pu³¹kci³¹ m̩³¹plo³⁵ thəu⁵⁵ paŋ⁵³i³¹.
水 这 拿 泥土 捏 身子 鱼　　把 头 鱼　接 泥土

m̩³¹ sa³³ pi³¹ mei³¹ təu³⁵ a³¹ zo³¹ ŋ³¹,　i³¹ tɕiu³¹ plu³⁵ muo³¹ a³¹."
你 两 只 手　捧 呀 放 水 我 就　活 来 了

　　睡到半夜，他做了个梦。梦见一个非常漂亮的小姑娘从水里走了出来。那小姑娘满眼的泪水直往下流。对他说："放牛哥哥，今天我被那帮人抓去了。那帮人把我的身子吃完了。现在，我只有一个头了。明天，你提着那个鱼头到水边来。拿泥土捏一个鱼身子，把鱼头接到泥土捏的鱼身子上。你两只手捧着，放到水里，我就活过来了。"

li³¹i³³ zo̞³¹ ȵai³¹ pi³¹jaŋ³⁵ muo³¹ ka³¹. au³¹ təu³⁵ kei³¹ tʂau⁵³, ko³¹to⁵³ laŋ³¹pia¹³ o³¹.
小孩　放牛　醒　来了　他抬头看　　亮　非常　哦

au³¹ ɬaŋ³³laŋ³⁵ ta⁵⁵ pu³¹kei³¹ m³¹plo³⁵ nu³¹ dau¹³ da¹³ ŋ³¹ dau¹³. hi³⁵ paŋ⁵³i³¹ muo³¹
他　悄悄　拿头　鱼　　那　到　边水　到　找泥土　来

ʂau³³ pu³¹ɕie³⁵ m³¹plo³⁵, ʂau³³ pi³¹ pu³¹ɕie³⁵ m³¹plo³⁵. au³¹ ta³³ pu³¹kei³¹
捏　身子　鱼　　捏块身子　鱼　　他拿头

m³¹plo³⁵ nu³¹ thəu⁵⁵ pu³¹ɕie³⁵ nu³¹. sa³³ pi³¹ mei³¹ taŋ³¹ taŋ³¹ təu³⁵ m³¹plo³⁵ zo̞³¹
鱼　那　接身子　那　两只手　慢　慢捧鱼　放

ŋ³¹ zau³⁵. pu¹³kei³¹ m³¹plo³⁵ ho³⁵ sa³³ sɿ³¹, pu³¹ɕie³⁵ m³¹plo³⁵ pai⁵⁵ sa³³ sɿ³¹. m³¹plo³⁵
水里头　鱼　开两下身子　鱼　　摆两下鱼

nu³¹ ȵau³⁵ tau¹³ ŋ³¹ zau³⁵ vu³³ a³¹.
那　游　到水里去了

　　放牛娃醒来，抬头看看，天已经非常亮了。他就悄悄地把那鱼头拿到水边，找来泥土，捏个
鱼身子。捏好了鱼身子，就把鱼头和鱼身子接上，两只手慢慢地捧起那条鱼，放到水里。鱼嘴巴张
开了两下，鱼身子摆动了两下，那鱼就游到水里去了。

au³¹ ni³¹, tɕiu³¹ ti¹³nai³¹ zo̞³¹ ȵai³¹. paŋ³³ ki⁵³ zo̞³¹ ȵai³¹, zo̞³¹ tau¹³ bei¹³ suo³³ a³¹ mei³¹
他呢　就　这样　放牛　帮人家　放牛　放到　有　二十五

pzi³¹ te³¹ bei¹³ sɿ³¹ fe³³, au³¹ zo̞³¹ tau¹³ da¹³ ŋ³¹ tau¹³. ha³⁵nai³¹ tsɿ¹³ sɿ³¹ nən³¹ hən³⁵,
岁　的有一天　他放到边水到　　今天只一个人

a³¹ bei¹³ na⁵³. zo̞³¹ dzau¹³ ma³¹ tɕiaŋ⁵³ tau¹³ a³¹ tsɿ³¹bei³¹, do¹³zɿ³¹ to¹³ pla⁵³ɕi³¹ɕi³¹.
没有谁　放在　要傍晚　到啊时候　　天空上　红彤彤

do¹³zɿ³¹ pa³¹tshaŋ³⁵ thi³⁵ ka³³ baŋ¹³ pai³⁵ pzi³¹, do¹³zɿ³¹ tsau³⁵ ŋ³¹ zau³⁵, ŋ³¹ fe¹³
天空　好像　底锅挨火烧　天空　照水里　水也

pla⁵³ɕi³¹ɕi³¹, pa³¹tshaŋ³⁵ sɿ³¹ pi³¹ həu³⁵ pla³¹. ȵai³¹ ni⁵³, fe¹³ zau³⁵ pha⁵⁵ zau³⁵ tuo³¹,
红彤彤　好像　一块布红　牛呢　也跑上跑下

kei³¹ pha⁵⁵ kei³¹ tuo³¹, ŋ³¹ sɿ³¹ haŋ³¹ a³¹. li³¹i³³ nu³¹ lau³¹ ma³¹ ti³¹na³¹ tau³¹ a³¹.
叫上叫下　水也喝不　小孩那知道要怎么做不

296

ha^{35}sɿ^{31} au^{31}ko^{35} ŋ̩^{31}z̥au^{35} pəu^{31}muo^{31}a^{31}. ko^{55}ta^{31}pəu^{31}ko^{55}ta^{31}li^{31}paŋ^{31}, ko^{55}ta^{31}
一下　他　看见　水　里　冒　来　了　越　冒　越　大　越

pəu^{31} ko^{55}ta^{31} li^{31}paŋ^{31}. pəu^{31}ha^{35}sɿ^{31}, au^{31}ko^{35} bei^{35}çi^{31}m̩^{31}plo^{35}tshu^{53}ta^{13}z̥au^{35}
冒　越　大　冒　一下　他　看见　有　条　鱼　出　从　里

muo^{31}. m̩^{31}plo^{35} nu^{31} sa^{33} n̩^{31}ŋo^{53}: "ta^{55} zo^{31}ɲai^{31}, fei^{55} i^{31}tɕiaŋ^{53}luŋ^{33} ka^{31}tsau^{53}
来　鱼　那　和　他　说　哥哥　放牛　夜晚　晚上　村寨　你们

ma^{31} pluŋ^{53} vu^{33}tɕin^{13} a^{31}vo^{33}. m̩^{31}ta^{33}vai^{53}ɲai^{31}vu^{33}ki^{31}a^{31}me^{31}. m̩^{31}mi^{31}
要　塌陷　去　下　啊　哦　你　不　赶　牛　去　家　不　嘛　你　把

ɲai^{31} pho^{31}nai^{31}, mi^{31}vai^{53}tau^{13}khai^{31}tsau^{31}daŋ^{31}tsui^{31}vei^{53}tʂha^{33}taŋ^{31}nu^{31}.
牛　帮　这　把　赶　到　垭口　地方　最　高　个　那

fei^{55} i^{31}tɕiaŋ^{53} m̩^{31}sa^{33}ɲai^{31} pho^{31}nu^{31}ŋau^{53}nai^{31} sɿ^{31}fei^{55}. su^{31}nuŋ^{33}ɲai^{31}pho^{31}
夜晚　晚上　你　和　牛　帮　那　睡觉　这里　一　夜　明天　牛　帮

nai^{31} bei^{13} m̩^{31}fe^{31}ka^{31}." li^{31}i^{33} nu^{31}tsau^{53}m̩^{31}plo^{35}nu^{31}, lau^{31}ma^{31}dzan^{31}dzan^{31}
这　是　你的　啦　小孩　那　看　鱼　那　知道　要　听　听

ti^{31}na^{31} tau^{31}sɿ^{31}tshən^{55}a^{31}. plən^{35}nai^{31}ni^{33}! au^{31}hai^{31}sɿ^{31}dzan^{13}dzɿ^{31}m̩^{31}plo^{35}
怎么　做　是　成　不　后　这　呢　他　还是　听　话　鱼

nu^{31}ti^{31}dzɿ^{31}. mi^{31}ɲai^{31}me^{31}, vai^{53}tau^{13}khai^{31}tsau^{31}taŋ^{31}nu^{31}. ha^{53}bi^{31}tɕiaŋ^{53},
那　的　话　把　牛　呀　赶　到　垭口　个　那　那　晚上

au^{31}tɕiu^{31}sa^{33} ɲai^{31}ŋau^{53}nai^{31}sɿ^{31}fei^{55} a^{31}.
他　就　和　牛　睡　这　一　夜晚　呀

　　他仍然像以前一样帮人家放牛，一直放到二十五岁。有一天，他放牛放到水边上。那天只有他一个人，没有别人。放到天快要黑的时候，天上红彤彤的，天空好像被火烧红的锅底，映照在水里，水也变得红彤彤的，好像一块红布。牛呢，跑上跑下，不停地叫着，也不喝水。放牛娃不知道怎么办才好。过了一会儿，他看见水里冒起泡来，越冒越大。冒了一会儿，就看见一条鱼从水里游出来。那条鱼对他说："放牛哥哥，今天夜里你们村将要塌陷。你不要赶牛回家了。你把这群牛赶到最高处的那个垭口。今天晚上，你就和那群牛在那里睡一晚上。明天这群牛就是你的了。"小孩看着那条鱼，不知道要不要听它的话。怎么做才好呢？后来，他还是听了那条鱼的话，把牛赶到了那个垭口。那天晚上，他就和牛在那里睡了一夜。

ŋau⁵³ dʒau¹³ to³¹ fei⁵⁵ au³¹ hi³⁵　du³¹lu³¹ pluŋ⁵³ to¹³ho⁵⁵fe³¹, do¹³zɿ³¹ to¹³ m³¹zo̩⁵³ kei³¹
睡　在　半　夜　他　听见　大地　陷　轰隆隆　天空　上　龙　　叫

lau⁵³zei¹³ ve³¹.　ha⁵³ bi³¹tɕiaŋ⁵³, au³¹ hən⁵³ lo³¹, tan³¹sɿ³¹ əu³¹, lau³¹　ti³¹na⁵³ tau³¹ a³¹.
热闹　唉　那　晚上　他　很　怕　但是　哦　知道　怎么　做　不

au³¹ łaŋ³³laŋ³⁵ sa³³ ɳai³¹ ŋau⁵³ sɿ³¹ fei⁵⁵. ŋau⁵³ li³¹du³¹, au³¹ laŋ³¹ muo³¹ tsau⁵³,
他　悄悄　和　牛　睡　一　夜　睡　天亮　他　起来　来　看

luŋ³³ z̩au³⁵ sɿ³¹ laŋ³¹ ki¹³　sɿ³¹　a³¹ bei³⁵ na¹³. ko³⁵ tshən³¹ khai¹³　sɿ³¹　ŋ³¹,
寨　里　一　个　房子　也　没　有　了　看见　整　垭口　一　水

ti¹³ti¹³da¹³da¹³ dau¹³ m³¹tən³⁵pu³⁵. au³¹ tsau⁵³, tsau⁵³ ko³⁵　bei³⁵ sɿ³¹ laŋ³¹ m³¹da³¹do³¹
很宽　　到　很远　他　看　看见　有一　条　船

ta¹³ lai⁵³ lai³¹ taŋ³¹ taŋ³¹ lau³¹ muo³¹. ko⁵⁵ta³¹ lau³¹ ko⁵⁵ta³¹ muo³¹, ko⁵⁵ta³¹ lau³¹
从　远　远　慢　慢　划　来　越　划　越　来　越　划

ko⁵⁵ta³¹ ti³¹ta³¹ n̩³¹. da³¹do³¹ zau³⁵ bei³⁵　sɿ³¹ hən³¹ li³¹mei³³ suo⁰³³ laŋ³¹pia³⁵.
越　靠近　他　船　里　有　一　个　姑娘　漂亮　非常

（muo³¹tʂau³¹）　lau³¹ dʒau¹³ kuŋ³³ muo³¹ dʒau¹³ kuŋ³³. sa³³ ŋ̩³¹ n̩o⁵³: "ta⁵⁵　zo̩³¹
（多出的音）　划　在　前　来　在　前　和　他　说　哥哥　放

ɳai³¹, m³¹　vai⁵³ ɳai³¹ muo³¹ nuŋ³¹ da³¹do³¹ nai³¹. sa³³lau⁵³ mi³¹ ɳai³¹ pho³¹ nai³¹
牛　你　赶　牛　来　上　船　这　我们　把　牛　帮　这

vai⁵³ tau¹³ sɿ³¹ laŋ³¹ tha⁵³, tha⁵³　nu³¹ tsui¹ o⁰³³." （li³¹i³¹ta⁵⁵i¹a³¹）li³¹i³³　zo̩³¹ ɳai³¹
赶　到　一　个　地方　地方　那　最　好　（多出的音）　小孩　放　牛

mi³¹ ɳai³¹ （vei³¹）　vai⁵³ da³¹do³¹. sa³³ hən³⁵ nu³¹ vai⁵³ ɳai³¹ tau¹³ sɿ³¹ laŋ³¹ bei³⁵
把　牛（多出的音）赶　船　两人　那　赶　牛　到　一　个　有

kəu³³ŋ⁵³、bei³⁵ m³¹tai⁵³、bei³⁵ ŋ³¹、o⁰³³ tau³¹ ha⁵⁵ laŋ³¹pia³⁵ la³¹. sa³³ hən³⁵ nu³¹ fei⁵⁵
花　有　树　有水　好　做　吃　非常　啦　两人　那　夜晚

i³¹tɕiaŋ⁵³ taŋ³¹ ki¹³ ka³¹. taŋ³¹ ki¹³ fei⁵⁵ i³¹tɕiaŋ⁵³, mei³³　nu³¹ sa³³ li³¹i³³　zo̩³¹ ɳai³¹
晚上　成　家　了　成　家　夜晚　晚上　姑娘　那　和　小孩　放　牛

n̩o⁵³: "i³¹ sa³³ m³¹ n̩o⁵³ le⁵³ dʒ³¹, i³¹ tɕiu³¹ bei³⁵ li³¹mei³³ m³¹zo̩⁵³. i³¹ sa³³ m³¹ taŋ³¹
说　我　和　你　说　句　话　我　就　是　姑娘　龙王　我　和　你　成

ki¹³, i³¹ ɕiaŋ⁵³ plən³⁵ nai³¹ sa³³ hən³⁵ tau⁵³ khən³³tin⁵³ pe³¹ o³³ te³¹."

家　我　想　后　这　两　人　我们　肯定　　得　好　的

　　睡到半夜,他听见大地轰隆隆地往下陷,天上的龙叫得热闹。那天晚上,他很害怕,但又不知道该做什么。他静悄悄地和牛在一起睡了一晚上。睡到天亮,他起来看,村寨里的房子一间也没有了,除了垭口,整个都是一片汪洋,一直延伸到很远的地方。他看见有条船从很远的地方慢慢划过来。离他越来越近。船里有一个非常漂亮的姑娘,划到他跟前,对他说:"放牛哥哥,你把牛赶到这条船上来。我们俩把这群牛赶到一个最好的地方。"放牛娃把牛赶到了船上。两人把牛赶到一个有花、有树、有水且非常容易做吃的东西的地方。当天晚上,两人就结婚了。那姑娘对放牛娃说:"我和你说句话,我就是龙王的女儿。我和你成了家,我想今后我们两人肯定过得很好的。"

(勾远兵讲述,2018 年 8 月 23 日)

2. 放牛娃和织布姑娘

ha³⁵nai³¹ i³¹ la³¹ the⁵³ laŋ³¹ pei³¹, kei³¹ tau³¹ li³¹ zo³¹ ɳai³¹ sa³³ li³¹mei³³ dau³¹ həu³⁵. lai⁵³
今天　我　来　讲　个　故事　叫做　娃放牛　和　姑娘　织布　远

kuŋ³¹tsʅ³¹bei³⁵, bei³⁵ sʅ³¹ hən³¹ li³¹ɫo³⁵, ba³⁵ ma³⁵ dzɑu¹³ na³⁵, kaŋ⁵³ pu¹³tɕie⁵³ sʅ³¹
很久以前　有　一　个　年轻人　父　母　在　不　他家　什么　也

a³¹ bei³⁵ a³¹. tʂa³¹tsuo³³ tsa³³ liu⁵³ bei³⁵ sʅ³¹ ɕie³¹ ɳai³¹ tsuo³³ la³³ ɳ̍³¹ pla³¹. fe³³
没有没老人　只　留　有　一　头　牛　老　给　他　守　天

fe³³ pla³¹ ɳai³¹ dzɑu¹³, ki³¹ tha⁵³tshʅ³⁵ ke³¹tɕin³¹ kei³¹ ɳ̍³¹ tau³¹ li³¹ zo³¹ ɳai³¹.
天守牛在　别人　大家　全都　叫　他　做　娃放牛

ɳai³¹ tsuo³³ ɕie³¹ nai³¹ tɕhi³¹sʅ³¹ bei³⁵ do¹³zʅ³¹ do¹³ ti³¹ ɳai³¹, kei³¹ tau³¹ tʂa³⁵ haŋ⁵⁵
牛　老头　这　其实　是　天空上的牛　叫做　星金

ɳai³¹. ɳai³¹ tsuo³³ ɕie³¹ nai³¹ ko³⁵ li³¹ zo³¹ ɳai³¹ nai³¹ jəu³¹ ɳo⁵³ jəu³¹ ɫuŋ³¹lu³¹ o³³,
牛　牛　老　头　这　看见　娃放牛　这　又　勤快　又　心　好,

au³¹ ɕiaŋ⁵³ma³¹ paŋ³³ li³¹ zo³¹ ɳai³¹ nai³¹ hi³⁵ sʅ³¹ hən³¹ li³¹mei³³ la³³ ɳ̍³¹ tau³¹
它　想　要　帮　娃放牛　这　找　一　个　姑娘　给　他　做

muo⁵⁵lai³¹, la³³ ɳ̍³¹ taŋ³¹ laŋ³¹ ki¹³.
妻子　给　他　当　个　家

今天，我来讲个故事，叫"放牛娃和织布姑娘"。

很久以前，有一个年轻人，父母都去世了，什么也没给他留下，只留了一头老牛。他天天守着牛，大家就叫他放牛娃。这头老牛其实是天上的牛，叫金牛星。老牛见放牛娃既勤快，心肠又好，就想帮放牛娃找一个姑娘，给他做妻子，让他成个家。

bei³⁵ sʐ³¹ fei⁵⁵, li¹³ zo³¹ ȵai³¹ ŋau⁵³ pe³¹ ko³⁵ ȵai³¹ dzuo³³ ɕie³¹ nai³¹ sa³³ ŋ̍³¹ ŋo⁵³:
有 一 夜晚 娃 放 牛 睡觉 梦 看见 牛 老 头 这 和 他 讲

"su³¹nuŋ³³ to¹³zʐ³¹ to¹³ ja⁵⁵ bei³⁵ pho³¹ li³¹mei³³ muo³¹ tɕio⁵³ dzau³¹ bian³⁵ ŋ̍³¹ pu⁵⁵
明天 天空 上 呀 有 帮 姑娘 来 脚 山 塘 水 对面

ȵau³⁵ ŋ̍³¹. tɕie³⁵ ma³¹ me³¹ zei¹³ ple¹³ va³⁵ ke¹³ m̩³¹tai⁵³. tɕie³⁵ ȵau³⁵ ŋ̍³¹, m̩³¹ vu³³
游 水 他们 要 把 衣服 脱 挂 梢 树 他们 游 水 你 去

ɬaŋ³¹laŋ³⁵ la³¹ za¹³ sʐ³¹ dzuo¹³ zei¹³ tau³¹ lo⁵³ dzʐ³¹plən¹³ vaŋ⁵³, za̪u³⁵ la³¹muo³¹,
悄悄 来 拿 一 件 衣服 别 转 回 看 跑 回 家

m̩³¹ tɕiu³¹ hui³¹ pe³¹ sʐ³¹ hən³¹ li³¹mei³³ muo³¹ la⁵⁵ m̩³¹ tau³¹ muo⁵⁵lai³¹. m̩³¹ tɕiu³¹
你 就 会 得 一 个 姑娘 来 给 你 做 妻子 你 就

kuo³¹ji³¹ taŋ³¹ ki¹³."
可以 当 家

一天夜里，放牛娃梦见老牛对他说："明天，有一帮从天上下来的姑娘，要到对面山脚下的水塘里去游泳。她们要把衣服脱下来，挂在树梢上。她们游泳时，你就悄悄地去拿一件衣服。别回头看，一直跑回家，你就会得到一位姑娘来给你做妻子。你就可以结婚成家了。"

fei⁵⁵lən³⁵ ɕiuŋ⁵³, li³¹ zo̪³¹ȵai³¹ li³¹ pli⁵³ʔʐ³⁵ tɕiu³¹ vu³³ dau¹³ dzau¹³ tɕio⁵³ dza̪u³¹.
第二天 早上 娃 放 牛 太阳 蒙蒙亮 就 去 到 在 脚 山

dau¹³dzau¹³ da¹³ pian³⁵, ko³⁵ bei³⁵ sʐ³¹ pho³¹ li³¹mei³³, bei³⁵ dzau³⁵ hən³¹ li³¹mei³³
到 在 边 塘 看见 有 一 帮 姑娘 有 七 个 姑娘

dzau¹³ pian³⁵ ȵau³⁵ ŋ̍³¹. pho³¹ li³¹mei³³ nai³¹ me³¹ zei¹³ ple¹³ va³⁵ ke¹³ m̩³¹tai⁵³,
在 水塘 游 水 帮 姑娘 这 把 衣服 脱 挂 梢 树

li³¹ zo³¹ ȵai³¹ tɕiu³¹ za̪³¹ sʐ³¹ dzuo¹³ zei¹³ pla⁵³ɕi⁵⁵, lo⁵³ dzʐ³¹lən¹³ tɕiu³¹ za̪u³⁵ la³¹muo³¹.
娃 放 牛 就 拿 一 件 衣服 红 转 回 就 跑 回 家

zei¹³ pla⁵³çi⁵⁵ dʐuo¹³ nai³¹ bei³⁵ mi³¹ sɿ³¹ hən³¹ li³¹mei³³, kei³¹ tau³¹ li³¹mei³³
衣服 红　　件 这 是 的 一 个 姑娘　　叫 做 姑娘

dau³¹ həu³⁵. to³¹ fei⁵⁵ li³¹mei³³ dau³¹ həu³⁵ ɬaŋ³³laŋ³⁵ vu³³ dau¹³ ka¹³ li³¹ ʐo³¹ ȵai³¹.
织 布 半 夜 姑娘 织 布 悄悄 去 到 家 娃 放 牛

li³¹ ʐo³¹ ȵai³¹ sa³³ li³¹mei³³ tau¹³ həu³⁵ tɕiu³¹ taŋ³¹ ki¹³ a³¹.
娃 放 牛 和 姑娘 织 布 就 成 家 啊

第二天早上，天刚蒙蒙亮，放牛娃就去山坡下。到了水塘边，他看见七个姑娘在水塘里游泳。这帮姑娘把衣服脱下来，挂在树梢上。放牛娃就拿起一件红衣服，转身跑回家。这件红衣服是一个叫织布姑娘的。半夜，织布姑娘悄悄来到放牛娃家。放牛娃和织布姑娘就结婚了。

li³¹ ʐo³¹ ȵai³¹ sa³³ li³¹mei³³ tau³¹ həu³⁵ taŋ³¹ ki¹³ pe³¹ tau³⁵ pzi³¹, zuŋ³¹ bei³⁵ sa³³ hən³¹
娃 放 牛 和 姑娘 做 布 成 家 得 三 年 养 有 两 个

li³¹, sɿ³¹ hən³¹ li³¹pu³³, sɿ³¹ hən³¹ li³¹mei³³. sɿ³¹ ki¹³ hən³⁵ ti³¹ dʐau¹³ khe⁵⁵ti¹³
孩子 一 个 男孩 一 个 姑娘 一 家 人 全 在 高兴

laŋ³¹pia³⁵, li³¹mei³³ tau³¹ həu³⁵ muo³¹laŋ³¹ sa³³ li³¹ ʐo³¹ ȵai³¹ taŋ³¹ ki¹³, do¹³ʐɿ³¹
非常 姑娘 做 布 回 来 和 娃 放 牛 成 家 天空

do¹³ ti³¹ m³¹muo³¹faŋ³⁵ lau³¹ wa³¹. bei³⁵ sɿ³¹ fe³³, do¹³ʐɿ³¹ ti³¹ laŋ⁵⁵, li³¹ɬi⁵³
上 的 玉帝　　知道 哇 有 一 天 天空 全 黑 闪电

m³¹ʐo³¹ taŋ⁵³, jəu³¹ ha⁵³ ve³¹ li³¹, sɿ³¹ çi³¹ zuŋ¹³ du³¹mən³¹ muo³¹. sɿ³¹ çi³¹
龙　　叫 又 吹 风 大 一 次 就 下雨　　来 一 次

du³¹mən³¹ li³¹ muo³¹, li³¹mei³³ tau³¹ həu³⁵ zuŋ¹³ ko³⁵ na³⁵, sa³³ hən³¹ li³¹ ti³¹na³¹
下雨 大 来 姑娘 做 布 就 见 不 两 个 小孩 怎么

ʐɿ⁵³, ti³¹na³¹ hi³⁵ sɿ³¹ lau³¹ ko³⁵ hi³⁵ ma³⁵ na³⁵. li³¹ ʐo³¹ ȵai³¹ sɿ³¹ ti³¹ faŋ⁵³ la⁵⁵,
哭 怎么 找 也 知道 见 找 妈妈 不 娃 放 牛 也 全 慌 啦

tɕio⁵³ la³¹, lau³¹ ma³¹ ti³¹na³¹ tau³¹ a³¹. ȵai³¹ dʐuo³³ ɕie³¹ nai³¹ ko³⁵ wa³¹, ȵai³¹
焦急 啦 知道 要 怎么 做 不 牛 老 头 这 见 了 牛

dʐuo³³ ɕie³¹ nai³¹ sa³³ li³¹ ʐo³¹ ȵai³¹ ŋo⁵³: "m³¹ tau³¹ tɕio⁵³ a³¹, m³¹ tau³¹ faŋ⁵³
老 头 这 和 娃 放 牛 说 你 别 焦急 不 你 别 慌

a³¹. m̩³¹ me³¹ kau⁵⁵ i³¹ za¹³ muo³¹, kau⁵⁵ i³¹ bei³⁵ sa³³ laŋ³¹ luo³¹khuaŋ³³. m̩³¹

不　你　把　角　我　拿　来　　角　我　是　两个　　笭筐　　你

ta⁵⁵ luo³¹khuaŋ⁵³ me³¹ sa³³ hən³¹ li³¹i³³　　nai³¹ pzi¹³ pləu³⁵ dau¹³ do¹³z̩³¹ do¹³,

拿　笭筐　　把　两个　小孩　这　　挑　飞　到　天空　上

la³¹ hi³⁵ li³¹mei³³　tau³¹ həu³⁵." n̩o⁵³ bo³⁵,　　sa³³ pi³¹ kau⁵⁵ tɕiu³¹ daŋ³⁵ tu³¹lu³¹.

来　找　姑娘　　做　布　说完　　两　只　牛角　就　　掉　地

sa³³ pi³¹ kau⁵⁵　tɕiu³¹ bei³⁵ sa³³ laŋ³¹ luo³¹khuaŋ⁵³. li³¹ zo³¹ ɲai³¹ tɕiu³¹ me³¹ li³¹

两　只　牛角　就　是　两个　　笭筐　　娃　放牛　就　把　小孩

au⁵⁵ luo³¹khuaŋ⁵³ z̩au³⁵, s̩³¹ hən³¹ dz̩au¹³ s̩³¹ li³¹. ta⁵⁵ m̩³¹pzi¹³ muo³¹ pzi¹³.

放　笭筐　　里　一个　在　一边　拿　扁担　来　挑

　　放牛娃和织布姑娘结婚三年之后，养了两个孩子，一个男孩，一个女孩。一家人过得非常开心。织布姑娘下凡和放牛娃结婚这件事被天上的玉皇大帝知道了。有一天，天空一片漆黑，电闪雷鸣，又刮起了大风，不一会儿，就下起雨来。织布姑娘不见了，两个小孩怎么哭，怎么找，也找不到妈妈。放牛娃也很慌张，很着急，不知道怎么办才好。老牛看见了，对放牛娃说："你别着急，也别慌张。你把我的角拿来，我的角是两只笭筐。你用笭筐挑着两个小孩飞到天上去找织布姑娘。"说完，两只牛角就掉到了地上，变成了两只笭筐。放牛娃就把两个小孩放到笭筐里，一边笭筐放一个，拿扁担挑着。

s̩³¹ tʂaŋ⁵³ ve³¹ ha⁵³ muo³¹, zuŋ¹³ pləu³⁵ nuŋ³¹ do¹³z̩³¹ do¹³ a³¹. pləu³⁵ ha³⁵ s̩³¹, vaŋ⁵³

一　阵　风　吹来　　就　飞　上　天空　上　了　飞　一下　看

ko³⁵ li³¹mei³³ dau³¹ həu³⁵ wa³¹.（du³¹）　vaŋ⁵³ tu³¹ ma³¹ kho⁵³lən⁵³ a³¹. ma³¹m̩³¹muo³¹faŋ³⁵

见　姑娘　做　布　了（多出的音）看　都　要　跟上　了　王母娘娘

ko³⁵ wa³¹, da¹³ pu³¹kei³¹ za¹³ s̩³¹ mo³¹ m̩³¹bei³¹ haŋ⁵⁵, dz̩au¹³ sa³³ m̩³¹pai³¹ ti³¹

见　了　从头　　拿一根　簪子　金　　在　两　夫妻　的

tu³¹ɬu³⁵ ku³³ s̩³¹ fu³¹. ku³³ fu³¹ nai³¹ tɕiu³¹ s̩³¹ bei³⁵ s̩³¹ mo³¹ ŋ³¹mo⁵³ li³¹. s̩³¹ ke³³

中间　划　一道　划道　这　就　是　是　一条　河水　大　一条

ŋ³¹mo⁵³ li³¹ ti³⁵ta³³ta³⁵　ta¹³ s̩³¹ vei⁵⁵ko⁵³ s̩³¹ vaŋ⁵³ ko³⁵ s̩³¹ pi³⁵ko⁵³ a³¹. me³¹ sa³³

河水　大　宽宽的　　从一　这边　也　看见　一　那边　不　把　两

m³¹pai³¹ me³¹ ki¹³ dzɑu¹³ sa³³ li³¹ a³¹. m³¹laŋ⁵³khei³⁵ ko³⁵ a³¹, m³¹laŋ⁵³khei³⁵
夫妻　把　隔　在　两　边　了　喜鹊　　见了　　喜鹊

dau¹³tsai³⁵ sa³³ m³¹pai³¹ a³¹. sʅ³¹ pzi³¹ dzɑu³⁵ ta³¹ pən³¹ dzɑu³⁵ hei⁵⁵, pho³¹
可怜　　两　夫妻　啊　一　年　七　月　初　七　日　帮

m³¹laŋ⁵³khei³⁵ nai³¹ sʅ³¹ ɕie³¹ to³¹ ko¹³sei⁵³ sʅ³¹ ɕie³¹, tɕiu³¹ muo³¹laŋ¹³ tau³¹ sʅ³¹
喜鹊　　这　一　只　咬　尾巴　一　只　　就　回来　做一

muo³¹ m³¹tɕhio⁵⁵ zɑi³¹tsa³³tsa³³ vu³³. mei⁵⁵ sʅ³¹ pzi³¹ dzɑu³⁵ da³¹ pən³¹ dzɑu³⁵ hei⁵⁵
座　桥　　长长的　去　每　一　年　七　月　初　七　日

li³¹ zo³¹ ɳai³¹ sa³³ li³¹mei³³ dau³¹ həu³⁵ tɕiu³¹ pai³⁵ m³¹tɕhio⁵⁵ muo³¹ nai³¹
娃　放　牛　和　姑娘　做　布　就　走　桥　座　这

muo³¹laŋ¹³ pluŋ³⁵ he⁵³.
回来　遇见　相互

　　一阵风吹来，他们就飞上了天。飞了一会儿，看见了织布姑娘。眼看就要追上了。王母娘娘看见了，从头上拔下一根金簪子，在夫妻俩之间划了一道。划的这道就是一条大河。这条大河非常宽，从一边看不见另一边，把夫妻俩隔在了两边。喜鹊看见了，可怜这对夫妻。每年七月初七日，这群喜鹊就来到河边，一只咬着另一只的尾巴，搭成一座长长的桥。每年七月初七日，放牛娃和织布姑娘就走到这座桥上来相会。

（何正安讲述，2018 年 8 月 26 日）

3. 利朗找银子

ha³⁵nai³¹ i³¹ muo³¹ the⁵³ sʅ³¹ laŋ³¹ pei³¹, kei³¹ tau³¹ li¹³laŋ⁵³ hi³⁵ ɳe³⁵. kuŋ³³tsʅ³¹bei³⁵ bei³⁵
今天　我　来　讲　一个　故事　叫　做　利朗找银子　从前　　有

sa³³ m³¹pai³¹ tʂuo³³, tʂuo³³ ti³¹ bei³⁵ sʅ³¹ hən³¹ li³¹ kei³¹ tau³¹ li¹³laŋ⁵³. mei³¹ a³³ pzi³¹
两　夫妻　老　老　才　有　一　个　孩子　叫　做　利朗　五　十　岁

ti³¹ bei³⁵ sʅ³¹ hən³¹ li³¹. da¹³ tian³³ muo³¹ mai³¹ li³¹ tau³¹ tɕhie⁵³ a³¹. li¹³laŋ⁵³ sa³³
才　有　一　个　孩子从小　来　要　孩子　做　什么　不　利朗　二

pe³¹ pzi³¹ o³¹, bu¹³tɕhie⁵³ sʅ³¹ lau³¹ dau³¹ a³¹. a³⁵la⁵³tɕhie⁵³ a³¹, ba³⁵ ma³⁵ dzɑu¹³
十　岁　了　什么　也　知道　做　不　不久　　啊　父　母　在

na³⁵, li¹³laŋ⁵³ sa³³ pu¹³ṣau⁵³ dzau¹³.
不　利朗　和　外公　在

今天我来给大家讲一个故事，叫"利朗找银子"。从前有一对老夫妻，到五十岁才养了一个男孩子，叫利朗。父母从小就不让孩子做任何事情。利朗二十岁了，什么事情也不会做。不久，父母去世了，只剩下利朗和外公。

bei³⁵ sʅ³¹ fe³³, pu¹³ṣau⁵³ n̩o⁵³: "m³¹ təu³¹ ṣa³⁵nai³¹ li³¹ jau³¹, pu¹³tɕhie⁵³ sʅ³¹ lau³¹ tau³¹
有　一天　外公　说　你　都　这么　大　了　什么　也　知道做

a³¹, m³¹ ma³¹ ha⁵⁵ pu¹³tɕhie⁵³? su³¹nuŋ³³ m³¹ pzi¹³ pu³¹di³¹ tau¹³ zʅ³¹　ka³⁵ m³¹
不　你　要　吃　什么　明天　你　扛　锄头　到　园子家　你

zau³⁵, me³¹ zʅ³¹　lau¹³ hai⁵³ me³¹ zʅ³¹ lau¹³ tsei³⁵. pa³⁵　m³¹ dzau¹³ zʅ³¹　zau³⁵ phaŋ⁵³
里　把　园子地　挖　把　园子地　抠　父亲　你　在　园子里　埋

bei³⁵ sʅ³¹ paŋ¹³ n̩e³⁵. m³¹ tsei³⁵ pe³¹ n̩e³⁵, m³¹ tɕiu³¹ bei³⁵ ha⁵⁵, m³¹ tɕiu³¹ bei³⁵
有　一坛　银子　你　抠　得　银子　你　就　有　吃　你　就　有

lei³¹." fe³³ lən³⁵ ɕiuŋ⁵³, li¹³laŋ⁵³ laŋ³¹ kuŋ³³ kuŋ³³, pzi¹³ pu³¹ti³¹ tau¹³ zʅ³¹　zau³⁵
用　天　后　早上　利朗　起来　早　早　扛　锄头　到　园子里

me³¹ zʅ³¹　hai⁵³ bo³⁵ o³¹, sʅ³¹ ko³⁵ n̩e³⁵ na³⁵. la³¹muo³¹ sai³¹ pu¹³ṣau⁵³: "i³¹ to⁵³ me³¹
把　园子挖　完　了　也　见　银子　不　回家　问　外公　我　都　把

zʅ³¹　hai⁵³ bo³⁵, sʅ³¹ ko³⁵ n̩e³⁵　na³⁵." pu¹³ṣau⁵³ n̩o⁵³: "ke³¹　m³¹ hai⁵³ a³³na³¹ liaŋ³¹? "
园子挖　完　也　见　银子　不　外公　说　那么　你　挖　多少　深

li¹³laŋ⁵³ n̩o⁵³: "i³¹ tsa³³ hai⁵³ sʅ³¹ ti³¹　sʅ³¹ ti³¹ te³¹." pu¹³ṣau⁵³ n̩o⁵³: "m³¹ hai⁵³
利朗　说　我　只　挖　一　锄头　一锄头的　外公　说　你　挖

tən³⁵ tiu¹³ o³¹, ko³⁵ n̩e³⁵　a³¹ te³¹, m³¹ ma³¹ me³¹ lau¹³ hai⁵³ tau³⁵ tʂhʅ⁵³ liaŋ³¹,
浅　了　哦　见　银子　不　的　你　要　把　地　挖　三　尺　深

ti³¹ m³¹ ko³⁵ n̩e³⁵."
才　你见　银子

有一天，外公说："你都这么大了，什么也不会做，你将来吃什么呢？明天你扛着锄头到园子里去，把园子的地深挖一遍。你父亲在园子里埋了一坛银子。你挖到了银子，就有吃的、用的了。"

第二天早上，利朗早早地起来，扛着锄头到园子里。把园子挖完了，也不见银子。回家问外公："我都把园子挖完了，也不见银子。"外公说："那你挖了多深？"利朗说："我只是挖了一锄头深。"外公说："你挖浅了，不会见到银子的。你要把地挖三尺深，才能见到银子。"

tuo³⁵ tau³⁵ fe³³ ɕiuŋ⁵³，li¹³laŋ⁵³ thuŋ³¹jaŋ³⁵ laŋ³¹ kuŋ³³kuŋ³³ pzi¹³ pu³¹ti³¹ tau¹³ ʐ̩³¹
第　三　日　早上　利朗　同样　起来早早　扛　锄头　到　园子

zau³⁵. me³¹ ʐ̩³¹ hai⁵³ liaŋ³¹ tau³⁵ tʂʅ⁵³，sŋ³¹ ko³⁵ ņe³⁵　na³⁵. la³¹muo³¹ sai³¹
里　把　园子　挖　深　三　尺　也　见　银子　不　回家　问

pu¹³sau⁵³："i³¹ təu³¹ me³¹ ʐ̩³¹　lau¹³ hai⁵³ liaŋ³¹ tau³⁵ tʂʅ⁵³，sŋ³¹ ko³⁵ ņe³⁵　na³⁵."
外公：　我　都　把　园子　地　挖　深　三　尺　也　见　银子　不

pu¹³sau⁵³ ņo⁵³："ti¹³nai³¹ ko³⁵，m³¹ ta⁵⁵ tʂhuŋ³¹ tɕhi⁵⁵　la³¹ thaŋ⁵⁵ ti³¹ ʐ̩³¹. m³¹ ta⁵⁵
外公　说　这样　呀　你　拿　种子　玉米　来　栽　满　园子　你　拿

tʂhuŋ³¹ tɕhi⁵⁵　la³¹ thaŋ⁵⁵ ti³¹ lau¹³. la³³ tɕhi⁵⁵ bəŋ³⁵ muo³¹，m³¹ tɕiu³¹ ko³⁵ ņe³⁵　a³¹."
种子　玉米　来　栽　满　地　给　玉米　生长　来　你　就　见　银子　了

li¹³laŋ⁵³ dzaŋ³⁵ dz̩³¹ pu¹³sau⁵³. ta⁵⁵ tʂhuŋ³¹ tɕhi⁵⁵　la³¹ thaŋ⁵⁵ ti³¹ ʐ̩³¹，ta⁵⁵ thaŋ⁵⁵ ti³¹
利朗　听　话　外公　拿　种子　玉米　来　栽　满　园子　拿　栽　满

lau¹³. thaŋ⁵⁵ bo³⁵ au³¹ fe³³ fe³³ la³³ vaŋ⁵³，sŋ³¹ fe³³ vaŋ⁵³ sŋ³¹ pei⁵³.
地　栽　完　他　天　天　来　看　一　天　看　一　次

第三天早上，利朗同样早早地起来，扛着锄头到园子里。把园子挖了三尺深，也不见银子。回家问外公："我都把园子的地挖三尺深了，也不见银子。"外公说："这样呀！你拿玉米种子来种满园子。让玉米长起来，你就能见到银子了。"利朗听从了外公的话，拿玉米种子种满了园地。种完了，他天天来看，一天看一次。

bei³⁵ sŋ³¹ fe³³ tɕhi⁵⁵　pəŋ³⁵ muo³¹ a³¹，li¹³laŋ⁵³ khe⁵⁵ti¹³ laŋ³¹pia³⁵. la³¹muo³¹ ņo⁵³：
有　一　天　玉米　长　来　了　利朗　高兴　非常　回家　说

"pu¹³sau⁵³，tɕhi⁵⁵ pəŋ³⁵ o³¹，pu³¹ko³¹ ko³⁵ ņe³⁵　na³⁵，la⁵⁵ pəŋ³⁵，tɕhi⁵⁵ pəŋ³⁵."
外公　玉米　长　了　不过　见　银子　不　草　长　玉米　长

pu¹³sau⁵³ ņo⁵³："la⁵⁵ pəŋ³⁵ sŋ³¹ pei⁵³，m³¹ ma³¹ ʐ̩³¹ sŋ³¹ pei⁵³. m³¹ ma³¹ me³¹ lau¹³
外公　说　草　长　一　次　你　要　薅　一　次　你　要　把　地

ʐɿ³¹ sɿ³¹ pe³¹ pei⁵³, ti³¹ m̩³¹ ma³³ ko³⁵ n̥e³⁵.　jau³³ pe³¹ sɿ³¹ pe³¹ pzi¹³ tɕhi⁵⁵, ti³¹ m̩³¹
薅　一　十　次　才　你　能　见　银子　收　得　一　十　担　玉米　才　你

ma³³ ko³⁵ n̥e³⁵."　li³¹laŋ⁵³ ɕiaŋ⁵³ ɬuŋ³⁵lu³¹: "la⁵⁵ suo³¹ li³¹ pi³¹ tɕhi⁵⁵ a³¹, ʐɿ³¹ sɿ³¹
能　见　银子　利朗　想　心　　草　不　大　比　玉米　呀　薅　一

pei⁵³ sɿ³¹ta³⁵."　li³¹laŋ⁵³ tsa³³ ʐɿ³¹ sɿ³¹ tʂaŋ⁵³ tɕhi⁵⁵.　dau¹³　tɕhi⁵⁵ hau⁵³ a³¹, to³³ pe³¹
次　算了　利朗　只　薅　一　遍　玉米　到　玉米　熟　了　掰　得

sɿ³¹ pzi¹³ tɕhi⁵⁵, pzi¹³ vu³³ la⁵⁵ pu¹³sau⁵³: "tɕhi⁵⁵ hau⁵³ a³¹, i³¹ to³³ tɕhi⁵⁵ muo³¹ a³¹,
一　担　玉米　挑　去　给　外公　　玉米　熟　了　我　掰　玉米　来　啦

pu³¹ko³¹ ko³⁵ n̥e³⁵　na³⁵."　pu¹³sau⁵³ sai³¹: "ke³¹　m̩³¹ ʐɿ³¹ a³³na³¹　tsaŋ⁵³ lau¹³?"
不过　见　银子　不　　外公　问　那么　你　薅　多少　遍　地

li¹³laŋ⁵³ n̥o⁵³: "i³¹ tsa³³ ʐɿ³¹ sɿ³¹ tsaŋ⁵³ le³¹."　pu¹³sau⁵³ n̥o⁵³: "m̩³¹ tsa³³ ʐɿ³¹ sɿ³¹
利朗　说　我　只　薅　一　遍　了　外公　说　你　只　薅　一

tsaŋ⁵³ lau¹³, tsa³³ pe³¹ sɿ³¹ pzi¹³ tɕhi⁵⁵,　m̩³¹ ko³⁵ n̥e³⁵　a³¹ te³⁵. pzi³¹mei⁵³ thɕi⁵⁵
遍　地　只　得　一　担　玉米　你　见　银子　不　的　明年　　玉米

pən³⁵ muo³¹, m̩³¹ ma³¹ ʐɿ³¹ sɿ³¹ pe³¹ tsaŋ⁵³ lau¹³. tɕhi⁵⁵ hau⁵³ o³¹, m̩³¹ ma³¹ jau³³
长　来　你　要　薅　一　十　遍　地　玉米　熟　了　你　要　收

pe³¹ sɿ³¹ pe³¹ pzi¹³ tɕhi⁵⁵, ti³¹ m̩³¹ ma³³ ko³⁵ n̥e³⁵."　li³¹laŋ⁵³ tʂaŋ³⁵ dzɿ³¹ pu¹³sau⁵³.
得　一　十　担　玉米　才　你　能　见　银子　利朗　听　话　外公

　　有一天，玉米长出来了，利朗非常高兴。回家说："外公！玉米长出来了，不过，不见银子。杂草长，玉米也长。"外公说："杂草长一次，你要薅一次。你要把地薅十次，才能见到银子。收到十担玉米，你才能见到银子。"利朗心想："草没有玉米长得高，薅一遍算了。"利朗只薅了一遍玉米地。等到玉米成熟了，掰到一担玉米。挑回去对外公说："玉米熟了，我掰玉米回来啦，不过没有见到银子。"外公问："那你薅了多少遍地？"利朗说："我只薅了一遍。"外公说："你只薅了一遍地，只能收到一担玉米，你不会见到银子的。明年玉米生长的时候，你要薅十遍地。玉米熟了，你要收到十担玉米，才能见到银子。"利朗听从外公的话。

pzi³¹ lən³⁵ nai³¹, tɕhi⁵⁵ pən³⁵ muo³¹, au³¹ la³¹ me³¹ lau¹³ hai⁵³ sɿ³¹ pe³¹ tsaŋ⁵³. tɕhi⁵⁵
年　后　这　玉米　长　来　　他　来　把　地　挖　一　十　遍　玉米

hau⁵³ o³¹, au³¹ to³³ pe³¹ sɿ³¹ pe³¹ pzi¹³ tɕhi⁵⁵. to³³ pe³¹ tɕhi⁵⁵, ke³¹tɕin³¹ me³¹ pzi¹³
熟　了　他　掰　得　一　十　担　玉米　掰　得　玉米　全部　把　挑

la⁵⁵ pu¹³sau⁵³. pu¹³sau⁵³ ʂəu⁵⁵ʂəu⁵⁵ ɳo⁵³: "sɿ³¹ pe³¹ pzi¹³ tɕhi⁵⁵ nai³¹ tɕiu³¹ sɿ³¹ bei³⁵
给　外公　外公　笑笑　说　　一　十　担　玉米　这　就　是　是

ɳe³⁵. sɿ³¹ pe³¹ pzi¹³ tɕhi⁵⁵ nai³¹, tɕiu³¹sɿ³¹ bei³⁵ pa³⁵　m³¹ phaŋ⁵³ zʅ³¹　te³¹ sɿ³¹ paŋ¹³
银子　一　十　担　玉米　这　　就　是　是　父亲　你　埋　园子　的　一　坛

ɳe³⁵, vu³³ lən³⁵ m³¹ ma³¹ lau³¹ tau³¹ hən³⁵ ma³¹ ɳo⁵³, ti³¹ ma³³ pe³¹ ha⁵⁵, ti³¹
银子　去　后　你　要　懂　做　人　要　勤快　才　能　得　吃　才

ma³³ bei³⁵ lei³¹."
能　有　用

第二年，玉米生长的时候，他去把地挖了十遍。玉米熟了，他掰到了十担玉米。他把掰到的玉米全部挑给了外公。外公笑笑说："这十担玉米就是银子。这十担玉米，就是你父亲埋在园子里的一坛银子。往后，你要懂得做人要勤快，才能得到吃的，才能有用的。"

（何正安讲述，2018 年 8 月 25 日）

调查手记

隆林三冲仡佬族偏居广西西北一隅，除研究仡佬语者外，他人知之甚少。因本课题所需，我们在三冲仡佬族村寨（主要是弄麻自然村）度过了一个完整的暑假和寒假，多次去做专项调查，有机会深入仡佬族同胞之中，与他们同吃同住同劳动，参与其祭祖、清坟等活动，观察、了解、记录仡佬族的传统文化，深切地感受到了仡佬族的民风民俗，亲身体验了仡佬族人民的淳朴和友善。

一、初到隆林，接触民族文化

冒着酷暑，我们一家三口从河南南阳经广西南宁和百色，于 2017 年 7 月 13 日下午抵达隆林。一到隆林，倍感凉爽。事先，我已联系了何正安同志和县民族宗教事务局少数民族语言工作办公室的韦晓地同志。何正安原为县民政局局长，现已退居二线，在县政协工作，同时下派到克长乡后寨村任第一书记。见面之初，我一直称他何局长。在随后的调查中，我向他学习"哈给"方言，了解仡佬族文化，不知不觉中已不再称呼他为何局长而改称何老师了。到达隆林之时，我打电话给他，他正在下派的村里，无法赶回，建议我们先入住隆林民族国际大酒店。韦晓地同志当时正忙于筹备隆林彝族火把节，也无暇接待。傍晚，接到韦晓地的电话，说县民宗局黄永烈副局长晚上接待我们。在饭馆，黄副局长向我引荐了县仡佬学会副会长郭秀华。

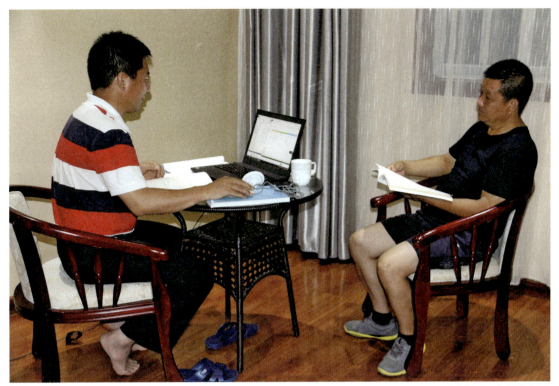

郭副会长是仡佬族"多罗"支系大水井人，他的一个兄弟在村里当村委会主任，能够为我们的调查提供便利。后来，何老师从村里赶了回来，跟我们一同到民族大酒店商谈后续的调查工作。初次相见，何老师待人亲切，毫无官架子。我们相谈甚欢。原来，他是三冲行政村弄麻自然村人，会说仡佬语，现为隆林仡佬学会会长。李锦芳教授和我的师姐妹们到隆林调查都是联系他，由他安排、落实发音人或他自己做发音人。我立刻意识到，何老师能够为我们今后的调查提供极大的便利，只要"抓住"何老师，我们调查工作中的困难就会迎刃而解。后来的情况也确实如此，何老师就是我们这次调查的发音人，也是他一直陪同我们拍摄、调查。何老师说，现在正值隆林的雨季，三天两头下大雨，有时一天就要下几场雨，到山里（弄麻自然村）的路出现了塌方，去不了，还要等一等。7月17日是隆林每年一度的彝族火把节，何老师为我们准备了三张嘉宾证，早早地就在民族文化广场等候我们。课题组成员享用了一顿丰盛的彝族文化大餐，同时，也进行拍摄工作的一次预演。

因为雨还是隔三岔五地下，原先的塌方还没有清除，新的塌方又出现了。我们只能蜗居宾馆，请何老师对照《中国方言文化典藏调查手册》进行模拟调查。我与何老师逐条讨论，确定具体的调查词条。好在何老师虽然从事公职多年，但一直没有脱离过老家，对三冲仡佬族使用过的器物和民俗文化十分熟悉，而且阅历丰富。很多词条他能信手拈来，什么有，什么没有，什么东西现在可能已经很难找到了，都非常清楚。对他小时候使用过的器物、玩过的游戏和见过的民俗活动以及经历过的事情如数家珍。何老师还送给我一本他们编写的《隆林仡佬族》。我白天向何老师请教，晚上就翻看《隆林仡佬族》，逐步对隆林仡佬族语言文化有了更深入的了解。期盼能够尽快奔赴弄麻，进行实地调查。图10-1为我与何老师在四方铭酒店讨论调查内容。

二、深入三冲，进行实地调查

7月28日，何老师告诉我："家里来电话了，说路通了。"我非常高兴，在隆林超市，我们买了两床丝绵被和三个枕头以及一些生活必需品。第二天，早上8点多，何老师开着他戏称的"宝马"从县城出发，不久，就进入了山区。路越来越陡，弯道也越来越多。何老师说，有人数过，从县城到弄麻有一百多道弯。后来，有一次去弄麻，我实实在在地数了一遍，至少有200道弯。我们兴奋地睁大双眼，捕捉着车窗外匆匆逝去的风景。一边是高山，一边是陡坡，时而车从云雾中穿过，时而又越过一道山梁。到了一处相对开阔的地带，我请何老师停车，下去看看外面的景色。空中云层虽厚，但山间倒也清亮。放眼望去，沟壑纵横，山峰林立，重峦叠嶂。儿子问我："爸爸，你看，远处的那些房子怎么建在山顶上呢？在哪里搞水喝啊？"我说："这我也说不清，只有问你何伯伯了。"何老师说："山下都是深沟，山上有水的！只是干旱时，要到很远的地方去背。"我说："这就叫作'山有多高，水有多深。'"车过常么，那里正在修路，开始颠簸起来，一路摇晃到水淹坝垭口。转过垭口，就进入了仅能通行一辆车的乡村级水泥路。山路蜿蜒，曲折环绕。一会儿深入谷底，一会儿又蹿到山腰或山顶。路陡坎深，我提心吊胆，紧紧抓着扶手；爱人和孩子则紧紧抓着靠背，也不再说话了。何老师知道我们很害怕，

说:"不要紧的,我夜晚都开过这条路。"我问:"那您是什么时候开始开车的?"他说:"我开车二十多年了。还在当局长的时候,经常是我自己开车下乡的。什么路没开过!"我说:"那您是二十多年的老司机了,在这里应该是轻车熟路。"我就又和他攀谈起来。峰回路转,我突然发现一处熟悉的村景,问何老师:"那不是弄麻吗?"何老师说:"是的。就要到了。"因为我事先已经做足了功课:把《隆林仡佬族》看了几遍,书的彩页中就有一张弄麻的照片。雨后的弄麻静卧在山腰间,云雾仍在冉冉升起,绿树掩映,青白相间,胜似仙境。图10-2为雨后云雾中的弄麻。

南北两条山脉相夹,形成一条深深的喇叭形山沟,南面山腰间突出一道小山梁,弄麻自然村的老村寨居于其上。房舍顺山梁依势而筑。后因人口增长或交通不便,一部分人家搬迁到对面陡斜山坡上泥石公路的两旁。村内有羊肠小道相通。大田自然村位于弄麻自然村的东南面,两村隔谷相望,看似很近,走起来却很远,有"隔'谷'跑死马"之说。鱼塘和保田两个自然村位于弄麻的东面,有泥石公路相通。我们的调查主要在弄麻进行,兼顾鱼塘和保田。因大田仡佬族是后来才搬迁过去的,所以没有进行调查。

　　弄麻自然村与三冲村村委会所在地相邻。车子直接开到了村部。何老师联系了三冲村党支部书记勾远军同志。勾书记骑着摩托车赶了过来。勾书记是鱼塘村人，也是"哈给"仡佬族，与何老师还有亲戚关系。村部很漂亮，一座庭院，两栋粉刷洁白的两层楼房，附加一层平顶的两间厨房。勾书记引领我们住进了办公楼二楼的一个套间，并把套间和厨房的钥匙也交给了我们。说："厨房里有米有盐，你们可以在这里烧饭吃。还有很多白酒，也可以喝的。有网络，但现在不通，过几天找人搞通；在你们走之前，还要把门前的篮球场搞成灯光球场……"看到这样好的住宿环境，语保之家三口人都很高兴。安顿好之后，何老师带着我们来到他二弟何正定家。他家的两层楼房坐落在从村部到鱼塘的泥石公路旁。当时，仅有他妈妈一人在家，二弟和弟妹以及两个男孩均在外地打工，女孩在常么中学读初中。那天正赶上何老师的大伯八十岁寿宴，午饭就在大伯家吃了。我好奇地问："何老师，怎么大伯八十岁还做寿呢？我们那里，年纪大的男人都是逢九才做寿的。"何老师说："弄麻可不一样哦！在弄麻，男的过了五十岁就要做寿材，儿女和亲戚每年都要给他过生日的哦。逢十更加隆重些。"

　　7月30日到8月3日，由何老师带领，我们对弄麻的老式房屋进行了地毯式的"搜查"。好在何老师德高望重，加之整个弄麻几乎家家都是亲戚，他又是长辈，每到一家，我们都受到热情接待，调查工作进行得很顺利。因为很多老器具已不再使用，大多堆放得杂乱无章搁置于角落，我们就掏厨房和楼梯下的角落，登阁楼进行翻找，摘墙壁上的挂件……一切任由我们翻腾，还把物件拿到室外拍摄。我们既是搬运工，又是清洁工，常常弄得灰头土脸。图 10-3 为项艳在清扫从阁楼上找到的唯一一张晒簟。

8 月 4 日到 6 日，我们重点寻找前期工作中还没发现的何老师记忆中的物件。何老师四处打听，只要听说谁家以前使用过，我们就去翻找，又补拍了一些照片。7 日和 8 日，我们游走于乡村小道，穿梭于村头巷尾，奔走于村与村之间，主要是捕捉村民们劳作和日常生活的情景，到鱼塘村请教风水先生勾春林，在保田村找到了难以寻觅的传说中的用木板做的粮柜等。在梳理了照片和视频之后，18 日又奔赴"多罗"支系的大水井和下冲两个自然村、"布流"支系的打铁寨进行调查。2017 年国庆节间，我独自一人又去了一趟隆林补拍照片。何老师驱车170 多公里，专程带着我、勾远军、张芝龙和李成志四人到同为"哈给"支系的贵州省贞丰县连环乡坡棉行政村坡帽自然村补充调查。原坡棉行政村村主任鄢仕富同志热情接待了我们。让我惊喜的是，在坡帽村罗老先生家的阁楼上居然找到了一架保存完好的老式织布机。

三、喝酒聊天，体味民俗民风

在三冲仡佬族人的生活中，酒是一种不可或缺的传统饮料。家家户户都会酿造甘香醇美的芭蕉芋酒和玉米酒等。从家中的一日三餐到办喜事、丧事和逢年过节，乃至于生产劳动中，都要喝酒。客人来了，以美酒相待，是一种神圣而不可改变的待客礼节。记得 2018 年春节，我从大年初一喝到初八才离开弄麻。初一，何氏宗族上午挨家挨户打糍粑，每家活动结束，我们的拍摄工作也已完成，就应邀一道喝酒；下午又挨家挨户摆供品祭祖，过后，依然是喝酒。初二，跟随何老师的侄子何朝明等一道"串寨"，每到一家都是喝上两小碗。喝到中午时，已

经喝过七八家了。我实在是撑不住了。到了何旭家，我只好要求喝橙汁。还好，到下午，我的酒量有所恢复，又是挨家喝。晚上十点多，又到何朝明的哥哥家，大家围着火塘继续喝。半夜是具体什么时候回村部的，我已经记不清了。初三至初五，何氏宗族挨家挨户"送祖公"，又是喝酒。初七和初八，何老师家清坟，在山上喝酒，回到家中依然喝酒。好在大家对我已经很熟悉，我也懂得了一点弄麻的喝酒文化。真的不能喝时，大家也能谅解，不会强迫。我在喝酒聊天中学习仡佬语，感受仡佬族文化。喝到第二碗酒时，我常常把他们推托主家斟酒的话也用上，说："[au³¹liu³³liu³³, daŋ³¹daŋ³¹haŋ³¹, the³¹pɿ³¹.] 倒一点点，慢慢喝，聊天。"虽然我说得不是很地道，会引起大家哄然大笑，但是，活跃了气氛，增进了感情，也能减轻我喝酒的压力，使我保持清醒，及时抓拍到具有文化特色的场景。初到弄麻，我自视还有点酒量，也不懂得当地的饮酒文化。每到一家，都是先喝酒，喝完酒再干活。第一碗喝光，主人再斟，我虽推阻，但第二碗又倒上了。弄麻的喝酒风俗是每到一家至少得喝两碗，以示对主人的尊敬和感激；第一碗酒要尽量喝完，第二碗喝不下，剩下点也没关系。第二碗喝光时，主人总是会相劝："到我们这里来，酒要喝好，都是自家酿的粮食酒，不醉人的。再倒一点……"就这样，我禁不住劝，时常喝得满脸通红、头脑晕晕。后来，何老师清楚了我的酒量，又有拍摄的事情，常常帮我。

要是他不在场，我实在没办法时，只好陪着主人喝酒，让爱人和儿子翻找物件并拍照。在整个调查过程中，我深深地感受到仫佬族质朴善良、热情好客的民风。至今难以忘怀，时常让我留恋。图10-4为大年初二夜晚大家围坐在火塘边喝酒。

四、丧葬调查的艰辛

2018年4月6日，何老师打来电话，告诉我他九十多岁的大舅爷李卜羊老人过世了，问我是否有空过去拍摄。我正为未能拍摄到丧葬和婚嫁而苦恼。挂了电话，迅速协调好教学工作，安排了行程，就动身赶往郑州新郑机场。

我们一路马不停蹄，4月7日上午10点多赶到了弄麻。正值风水先生等人在山上看坟场。我扛起摄像机，项艳端着照相机，与大家一起在杉木林中穿梭。之后，又没日没夜地全程跟拍了三天。在拍摄过程中，何老师帮着介绍和解释，主家和村民对我们的工作都很理解，也很支持。我和他们中的很多人已经很熟悉了，并没有因为禁忌而遇到多少阻碍。但在9日出殡前夜拍摄孝家打开棺材让孝男、孝女与亡人见上最后一面并给亡人擦拭手脸时遇到了一点困难。有人说这个过程不能拍摄。个中缘由不再明说。我立刻找何老师想办法。何老师说："不要紧的，我跟他们说过了，我们这是在做仫佬族丧葬文化的调查，要全程拍摄的。"我对所有与死亡相关的场合倒没有什么避忌。但当打开棺盖时，我爱人项艳正站在凳子上拍照，猛然看见亡人的面孔，加之一股气味冲来，她迅速从凳子上跳下来，跑到大门口，呆呆地站在那里抹着眼泪。我明白，她原以为像我们老家一样，亡人面部总是盖着盖脸纸，所以才敢拍照。哪里知道，现在可不是，着实把她吓坏了。我立刻收起摄像机，走到她身边安慰她；何老师也赶过来开解她。她很长时间都定不下神来，当晚都不敢睡觉。

仫佬族传统丧礼程序复杂，仪式环节较多，拍摄难度极大。在起棺、送葬、安葬的过程中，

隆林仫佬语　调查手记

我们更是应接不暇。在出殡、送葬过程中，抬棺人一路小跑，我们刚拍摄完起棺，就要冲到前面拍摄送葬；从大路下到坟场，山坡陡斜，我们手上要拍摄，脚下还要站稳，稍不留心，就会摔倒；安葬过程有很多环节，送葬的人很多，而且墓地在杉木丛中，拍摄十分困难。我们只能在杉木林里不停地穿梭，力求抓住每一个镜头，不漏掉任何一个环节。图 10-5 为我在杉木林里拍摄安葬过程。

五、结婚仪式，喜得而又复失

三年多的调查中，我一直感到失望的是没能遇到按照传统仪式举办的婚礼，而仅拍摄到传统的说媒和现代的结婚仪式。三冲仡佬族人口本来就少，受到现代结婚仪式的影响，传统结婚仪式可遇而不可求。等了四年多，终于在 2021 年 12 月 14 日等到何正安先生打来的电话，他的侄子何旭将于 2022 年正月初十在弄麻办婚礼，已吩咐何旭及家人按传统礼仪办，问我是否有时间过去拍摄。我喜不自胜，满口答应，承诺一定会克服一切困难赶过去。腊月，因受新冠疫情的影响，我校对外出仍然管控很严，我还是说服了领导，让领导准了假。因为是春运期间，担心行程会受到影响，提前购买了南阳至南宁的往返车票和机票。正月初六，我和爱人项艳深夜从南阳坐上火车，赶赴南宁。正月初七，列车过了衡阳时，我准备买百色到隆林的汽车票，发现购票信息已全部变成了灰色，无法购买。电话咨询何正安隆林那边的情况，他告诉我，百色、隆林出现了疫情。百色市全城，以及辖区内县城之间、乡镇之间实行"不进不出"措施。别无他法，我们只得在全州站下车。午夜的全州异常寒冷，下着雨，还飘着雪花，正是我此时心情的写照。等了多年的传统婚礼就此擦肩而过，留给我的只有遗憾和失望。好在书中已对传统结婚仪式做了详细的描述，以补此缺。

这本著作饱含着我们课题组成员的心血和汗水。来之不易的每张照片、每段视频，真切而较为全面地记录了三冲仡佬族的民俗和文化。希望能为仡佬族的文化传承和文化建设尽绵薄之力，为我国的语言文化资源保护工程做出一份贡献！

袁善来

2022 年 4 月 2 日

《百色年鉴》编纂委员会 2015《百色年鉴（2011—2012）》，广西人民出版社。

百色市地方志编纂委员会 2020《百色年鉴（2015）》，广西人民出版社。

陈天俊 1999《仡佬族文化研究》，贵州人民出版社。

韩林林 2013《三冲仡佬语参考语法》，中央民族大学博士学位论文。

李旭练 1999《倈语研究》，中央民族大学出版社。

李艳敏 2015《隆林仡佬语濒危现象探析》，广西民族大学硕士学位论文。

梁　鑫 2013《从家族节庆活动到规范统一的民族节日演化》，广西民族大学硕士学位论文。

刘　静 2007《隆林仡佬族母语使用类型研究》，中央民族大学硕士学位论文。

《隆林仡佬族》编撰委员会 2013《隆林仡佬族》，广西民族出版社。

隆林各族自治县地方志编纂委员会　2002《隆林各族自治县志》，广西人民出版社。

蒙元耀 2008 倈语使用人口稳定增长原因探究，《广西民族研究》第 4 期。

王怀榕 2007《三冲仡佬语句法研究》，中央民族大学硕士学位论文。

王怀榕、李　霞 2007 三冲仡佬语概况，《民族语文》第 2 期。

熊大宽 2002《仡佬族文化百科全书》，贵州民族出版社。

袁礼辉 2012《远山信仰的魔力：仡佬族崇拜与祭祀》，民族出版社。

钟金贵 2012《仡佬族民俗文化研究》，民族出版社。

中国语言文化典藏

索引

1. 索引收录本书"壹"至"捌"部分的所有条目，按条目音序排列。"玖"里的内容不收入索引。

2. 每条索引后面的数字为条目所在正文的页码。

中国语言文化典藏

隆林仡佬语

索引

321

中国语言文化典藏

中国语言文化典藏

后记

历时四年，书稿终成。往日之景，历历在目；几多艰辛，几多欢乐。

我喜爱隆林这片美丽的土地，更热爱生活在这里的仡佬族同胞。他们勤劳能干，质朴纯真，团结和睦，待人热诚。是他们给了我战胜困难的勇气。调查和撰写书稿的过程中，我克服了两地奔波之劳苦，熬过了住在村部，夏夜停电、摸黑穿着短裤用小火炉烧水洗澡和冬天无水可用以及冬夏无法做饭的日子，战胜了老物件难寻、文化事项缺少等拍摄记录工作方面的困难。数年来，我度过了选择图片、剪切音视频和撰写、修改文稿的一个个不眠之夜。是他们带给我调查之中的快乐。对一个来自外乡的汉族人，他们没有排斥和嫌弃，以一颗包容之心接纳并热情地接待。在任何一家都是喝酒聊天、笑语融融；任由我们翻找老物件，毫无怨言。我体味了仡佬族独特的春节和尝新节文化；享用了熏肉、"辣椒骨"、"活血"等从未吃过的美食；见识了"隔栏""摘果篓"和"储肉篓"等地方特色的用具。对此，无尽感激，难以言表。每每回味，常常思恋。唯有为之不懈努力，写出高质量的书稿并使之早日面世，以此作为对所有关心、支持和为之付出之同志们的回报！

因时过境迁，新旧交替，以前随处可见的器具已难觅踪影；老式房屋已稀少或弃用而被荒草吞噬；民歌和故事等已消失；节日活动和祭祀仪式已渐趋简化；传统婚礼已逐渐被新式婚礼取代。我深深感到详细地记录仡佬族传统文化具有十分重要的意义。只能极力去挖掘，唯恐收集不全、有负众望。三冲仡佬族人口虽少，但家族众多。丧葬、清坟和接送祖公等风俗在不同家族间略有差异，难以做到兼顾，只能以弄麻自然村的何氏家族为代表。因资料和水平所限，遗漏之处在所难免。敬请专家、学者和仡佬族同胞们批评指正。

衷心感谢我的导师李锦芳教授给了我走进隆林认识仡佬族的宝贵机会。感谢莫廷婷、杨小燕师妹和课题组的老师们，他们的睿智点拨和悉心指导使我克服了一道道技术难题。感谢隆林各族自治县民族宗教事务局黄永烈副局长、韦晓地同志和仡佬学会郭秀华副会长，三冲村勾远军书记和杨光副主任，弄麻的何正定、何卜字、李卜楼、李卜捌、李成针、何朝明、李成志、甘兆丰，鱼塘的勾春林、勾春祥、勾远兵，保田的张芝龙，大水井的郭卜龙，坡帽的鄂仕富等人提供帮助、接受调查并提供材料。感谢南阳师范学院、文史学院和图书馆的领导给予支持和帮助。感谢我的爱人项艳不畏艰辛地帮着拍照、摄像。这本书也浸润着她辛勤的汗水。我的儿子袁直敏也帮着忙碌了一个暑假。

特别感谢隆林各族自治县仡佬学会何正安会长。他深爱自己的民族，一直想着为本民族做些事情，实际上也一直在做。帮助我们调查并记录隆林仡佬族的语言和文化，正好可以实现他的愿望。他以极大的热情投入到这项文化工程中来。每次都亲自驾车送我们到各个调查点，带着我们遍访村寨拍照、录像，多方打探咨询，和我们一同尽全力去挖掘仡佬族文化。在宾馆摄录时，他的那份认真着实让我感动。在摄录故事时，一则故事要摄录很多遍，其实有的已经讲得很好了，但他还是不满意。停机后，他在走廊上一遍又一遍地复述，直到满意为止。如果没有何会长的帮助和支持，我很难完成这本书稿。所以说，全书虽然由我撰写，但其中也蕴含着何会长的智慧和心血，他理应成为本书的第二作者。当然，缺漏、错误之处由我负责。

感谢商务印书馆以及"中国语言文化典藏"项目组审稿专家的宝贵意见，他们精益求精的态度令我感佩。

袁善来

2022 年 10 月 28 日撰于南阳师范学院南区专家公寓

隆林仡佬语 ｜ 后记

图书在版编目（CIP）数据

　　中国语言文化典藏.隆林仡佬语/曹志耘，王莉宁，李锦芳主编；
袁善来，何正安著.—北京：商务印书馆，2022

　　ISBN 978-7-100-21386-8

　　Ⅰ.①中…　Ⅱ.①曹…　②王…　③李…　④袁…　⑤何…　Ⅲ.①仡佬
语—研究—隆林各族自治县　Ⅳ.① H17

　　中国版本图书馆 CIP 数据核字（2022）第 118001 号

中国语言文化典藏·隆林仡佬语

曹志耘　王莉宁　李锦芳　主编

袁善来　何正安　著

———————————————————

商务印书馆出版
（北京王府井大街 36 号　邮政编码 100710）
商务印书馆发行
南京爱德印刷有限公司印刷
ISBN 978-7-100-21386-8

———————————————————

2022 年 12 月第 1 版
2022 年 12 月第 1 次印刷
开本：787×1092　1/16
印张：21¼

定价：280.00 元